Die Familienstrategie

Kirsten Baus

Die Familienstrategie

Wie Familien ihr Unternehmen über Generationen sichern

6., überarbeitete und erweiterte Auflage

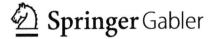

Kirsten Baus
Stuttgart, Deutschland

ISBN 978-3-658-36832-6   ISBN 978-3-658-36833-3 (eBook)
https://doi.org/10.1007/978-3-658-36833-3

Die Deutsche Nationalbibliothek verzeichnet diese Publikation in der Deutschen Nationalbibliografie; detaillierte bibliografische Daten sind im Internet über http://dnb.d-nb.de abrufbar.

Springer Gabler
© Springer Fachmedien Wiesbaden GmbH 2003, 2007, 2010, 2013, 2016, 2022
Das Werk einschließlich aller seiner Teile ist urheberrechtlich geschützt. Jede Verwertung, die nicht ausdrücklich vom Urheberrechtsgesetz zugelassen ist, bedarf der vorherigen Zustimmung des Verlags. Das gilt insbesondere für Vervielfältigungen, Bearbeitungen, Übersetzungen, Mikroverfilmungen und die Einspeicherung und Verarbeitung in elektronischen Systemen.
Die Wiedergabe von allgemein beschreibenden Bezeichnungen, Marken, Unternehmensnamen etc. in diesem Werk bedeutet nicht, dass diese frei durch jedermann benutzt werden dürfen. Die Berechtigung zur Benutzung unterliegt, auch ohne gesonderten Hinweis hierzu, den Regeln des Markenrechts. Die Rechte des jeweiligen Zeicheninhabers sind zu beachten.
Der Verlag, die Autoren und die Herausgeber gehen davon aus, dass die Angaben und Informationen in diesem Werk zum Zeitpunkt der Veröffentlichung vollständig und korrekt sind. Weder der Verlag, noch die Autoren oder die Herausgeber übernehmen, ausdrücklich oder implizit, Gewähr für den Inhalt des Werkes, etwaige Fehler oder Äußerungen. Der Verlag bleibt im Hinblick auf geografische Zuordnungen und Gebietsbezeichnungen in veröffentlichten Karten und Institutionsadressen neutral.

Lektorat/Planung: Stefanie Winter
Springer Gabler ist ein Imprint der eingetragenen Gesellschaft Springer Fachmedien Wiesbaden GmbH und ist ein Teil von Springer Nature.
Die Anschrift der Gesellschaft ist: Abraham-Lincoln-Str. 46, 65189 Wiesbaden, Germany

Für meinen Neffen Joe

Vorwort 6. Auflage

Im Rückblick auf die letzten 20 Jahre – das vorliegende Buch erschien erstmals 2003 – wird deutlich, wie stark der wirtschaftliche und gesellschaftliche Wandel auf Unternehmerfamilien und ihre Unternehmen gewirkt hat und wirkt. Nicht unbedingt nur zu ihrem Nachteil: Die Widerstandsfähigkeit, die sie in der Finanzkrise der 2000er- Jahre bewiesen haben, hat ihre Stellung ebenso aufgewertet wie beispielsweise die gegenwärtige Diskussion um das Verantwortungseigentum.

Die Binnenprobleme – und das betrifft die Familienstrategie – sind hingegen nicht kleiner geworden. Vor allem die Verständigung zwischen den Generationen ist schwieriger – gegensätzliche Wertvorstellungen lassen vermuten, dass Jung und Alt heutzutage ähnlich weit auseinanderliegen, wie es zuletzt in den 60er- und 70er- Jahren des 20. Jahrhunderts der Fall war. Das hat Auswirkungen auf die Beteiligungs- und Führungsnachfolge. Was für die Älteren erstrebenswert und selbstverständliches Ziel war, kann bei Jüngeren auf Skepsis, sogar Ablehnung stoßen. Diese und weitere Entwicklungen, mit denen die Familienstrategie konfrontiert ist, werden in einem neuen Kapitel *Perspektiven* thematisiert, im Übrigen wurde der Text überarbeitet und auf den neuesten Stand gebracht.

Stuttgart, Deutschland Kirsten Baus
September 2021

Vorwort 5. Auflage

In diese Auflage sind wie bei den Vorauflagen die Erfahrungen der letzten Jahre eingeflossen, was einige Präzisierungen sowie die eine oder andere Ergänzung und Streichung nach sich gezogen hat. Zu diesen Erfahrungen zählt, dass Unternehmerfamilien – nachdem sie gerade die Globalisierung mal so, mal so bewältigt haben – eine neue Herausforderung bevorsteht. Auf die Globalisierung folgt die Individualisierung, will sagen: Die Generation der 20- bis 30-jährigen, aufgewachsen in einer von Wohlstand und Wahlmöglichkeiten bestimmten Lebenswelt, geprägt vom Zeitgeist des 21. Jahrhunderts, könnte noch mancher Familie Kopfzerbrechen bereiten. Kompromissfähigkeit, die Bereitschaft zum Ausgleich, die Akzeptanz von Mehrheitsentscheidungen – alles das kann nicht mehr ohne weiteres vorausgesetzt werden.

Stuttgart, Deutschland Kirsten Baus
September 2016

Vorwort 4. Auflage

Die neue Auflage wurde überarbeitet, auf den neuesten Stand gebracht und um eine Passage im Abschnitt über die Familiencharta ergänzt, in der die Businessfassung der Charta sowie Leitlinien und Leitbild thematisiert werden. Überhaupt hat das Konzept der Familienstrategie in den vergangenen zehn Jahren nur wenige Veränderungen erfahren. Dafür hat es sich als ausbaufähig erwiesen: Einzelaspekte wie Patchwork-Konstellationen in Unternehmerfamilien, die Akzeptanz von Ehe- und Lebenspartnern, Solidarität und Wettbewerb unter Geschwistern oder die Frage, was Fairness bedeutet und wie weit sie reicht, sind in der Schriftenreihe des Instituts für Familienstrategie publiziert worden.

Etwas aber hat sich tatsächlich geändert. Vor 10 Jahren waren Konflikte in der Familie regelmäßig der Auslöser einer Familienstrategie. Was das betrifft, ist mittlerweile ein grundlegender Wandel zu verzeichnen: Mehr und mehr Unternehmerfamilien entschließen sich, präventiv tätig zu werden – ein erfreuliches Zeichen, das von einem gestiegenen Problembewusstsein kündet.

Stuttgart, Deutschland Kirsten Baus
Mai 2013

Vorwort 3. Auflage

Seit der ersten Auflage sind mittlerweile sieben Jahre vergangen. Die Familienstrategie ist – was auch mit diesem Buch zusammenhängen mag – zu einem etablierten Beratungsangebot geworden. Auch bei den Familienunternehmen und den Rahmenbedingungen, in denen sie handeln, hat sich manches getan. So hat die Reform der Erbschaftssteuer zu Poolungszwängen bei Kapitalgesellschaften geführt, die Gesellschaftern mit kleinen Beteiligungen eine einheitliche Linie abfordert. In den Unternehmen selbst ist ein Trend unverkennbar, der auch die gesellschaftliche Entwicklung bestimmt: Frauen übernehmen mehr und mehr die Verantwortung. Manches Beispiel mag deshalb noch zu sehr auf die Vater-Sohn-Konstellation bezogen wirken, ein Punkt, der schon im Vorwort der ersten Auflage angesprochen wurde. Hier ist offensichtlich etwas in Bewegung geraten. Gleichwohl sind die bewährten Beispiele im Wesentlichen belassen worden, wie sie waren. Hingegen wurden einige Passagen aktualisiert oder erweitert, vor allem bei den Themen Fremdgeschäftsführung und der gemischten Führung des Unternehmens durch Familienmitglieder und Externe.

Stuttgart, Deutschland
Mai 2010

Kirsten Baus

Vorwort 2. Auflage

Die zahlreichen positiven Reaktionen auf die erste Auflage sind gewiss ein gutes Zeichen – das Interesse an der Familienstrategie hat offenkundig zugenommen, und auch das Buch selbst hat großen Anklang gefunden. Für die zweite Auflage habe ich den Text an einigen Stellen überarbeitet, vor allem das Kapitel Institutionen um den Abschnitt Philanthropisches Engagement erweitert.

Stuttgart, Deutschland Kirsten Baus
Februar 2007

Vorwort

Durch Eintracht macht man kleine Dinge groß, durch Zwietracht wird man große Dinge los.
(Volksmund)

Legte man einer repräsentativen Auswahl von geschäftsführenden Gesellschaftern in Familienunternehmen die Frage vor, was der entscheidende Faktor im Zusammenspiel von Familie und Unternehmen ist, so fiele die Antwort eindeutig aus: Alles hängt von der Qualität des Gesellschaftsvertrages ab. Aber ist das tatsächlich der Fall? Warum scheitern immer wieder wirtschaftlich gesunde Familienunternehmen an sich selbst, und das, obwohl in juristischer Hinsicht alles zum Besten steht? Warum sorgt Streit in der Familie immer wieder für das Aus traditionsreicher Unternehmen?

Die Ursache liegt in einem immer wieder übersehenen Regelungsdefizit. Der Gesellschaftsvertrag kann vieles, aber er kann nicht alles. Er ist wichtig, aber er regelt allein das Verhältnis der Gesellschafter untereinander. Das sehr viel komplexere und konflikträchtige Verhältnis von Familie und Unternehmen zu regeln, überfordert ihn. Für diese Annahme gibt es starke Gründe. In den Vereinigten Staaten hat die Betriebswirtschaftslehre Familienunternehmen sehr viel früher als in Europa zum Gegenstand der Forschung gemacht. Vor allem John Ward ging der Frage nach, was ihren Erfolg und Misserfolg ausmacht, was sie stabilisiert und destabilisiert, was sie funktionieren lässt und was nicht, was ihren Bestand sichert und was ihn gefährdet. Neben den rechtlichen und betriebswirtschaftlichen Strukturen in einem Familienunternehmen hat er die Familie als den entscheidenden, aber krisenanfälligen Faktor analysiert. Auf Ward geht das Konzept einer Family Strategy zurück, die helfen soll, den weitgehend ungeregelten Bereich der Familie durch Strukturen zu stabilisieren. Ziel ist es, den Frieden in der Familie zu erhalten und sie so zu einem berechenbaren Partner im Unternehmen zu machen. Die Handlungsfähigkeit im operativen Geschäft wie in strategischen Fragen – z. B. der Nachfolge – hängt entscheidend davon ab. In den Vereinigten Staaten kann die Family Strategy auf eine erfolgreiche Geschichte zurückblicken. In Deutschland ist die Familienstrategie eine noch junge Disziplin in der Beratung von Familienunternehmen. Peter May hat in Deutschland den Ansatz aufgegriffen und zum Bestandteil der Integrierten Eigner-Strategie gemacht (May: Lernen von den Champions, Frankfurt 2001). Ich entwickle seit Jahren Familienstrategien mit Unternehmerfamilien. Die Resultate sind überzeugend. Die Familienstrategie schafft Strukturen, wo bisher keine waren, sie stabilisiert, sie verbessert die Handlungsfähigkeit, sie erleichtert das Miteinander. Die Bestätigung durch meine Mandanten und das Interesse, auf das meine Vorträge und Publikationen stoßen, haben mich bewogen, der Familienstrategie ein breiteres Forum zu verschaffen. Das vorliegende Buch ist die Konsequenz dieses Entschlusses. Es ist aus der Praxis für die Praxis geschrieben und die vorläufige Summe gemachter und die Grundlage zukünftiger Erfahrungen.

Noch zwei Bemerkungen zum Schluss: Familienunternehmen sind nach wie vor eine Männerdomäne. Sowohl bei manchen Begriffen wie in den Beispielfällen des Buches ist diese Dominanz spürbar. Aber ohne Zweifel ist einiges in Bewegung geraten. Jeder Leser mag also für sich entscheiden, ob er einen Vater-Sohn- nicht wahlweise als Vater-Tochter-Konflikt interpretiert. Und was die Beispiele selbst betrifft – wie üblich darf darauf verwiesen werden, dass sie frei erfunden sind und die eventuelle Ähnlichkeit mit lebenden oder toten Personen rein zufällig und nicht beabsichtigt ist.

Stuttgart, Deutschland   Kirsten Baus
August 2003

Inhaltsverzeichnis

1 Einleitung: Unternehmerfamilien – Stärken und Schwächen 1

Teil I Hindernisse, Stolpersteine, Barrieren

2 Klassiker des Konfliktes.................................... 11

3 Die Einstellung fehlt....................................... 29

4 Übliche Reaktionsmuster................................... 39

Teil II Die Familienstrategie – der Weg zur starken Unternehmerfamilie

5 Eine Strategie für die Familie 49

6 Bestandsaufnahme – das gemeinsame Interesse 57

7 Bestandsaufnahme – die Generationen und ihre Aufgaben 77

8 Richtungsentscheidungen 95

9 Die Familiencharta 109

10	Die Institutionen	123
11	Perspektiven	135
12	Stabilität im Familienunternehmen	139
Stichwortverzeichnis		143

Über die Autorin

Kirsten Baus, Jahrgang 1963, ist Rechtsanwältin und stammt aus einer Unternehmerfamilie. 2002 gründete sie das Kirsten Baus Institut für Familienstrategie, das Unternehmerfamilien bei der Nachfolgeplanung und in Fragen der Family Governance berät. Sie ist Dozentin an der Zeppelin Universität Friedrichshafen, Autorin zahlreicher Fachbeiträge und Herausgeberin der institutseigenen Schriftenreihe.

Sie erreichen die Autorin unter:
Kirsten Baus Institut für Familienstrategie
Hasenbergsteige 31
70197 Stuttgart
Telefon: +49 (0) 711/633 898 0
Telefax: +49 (0) 711/633 898 18
E-Mail: baus@familienstrategie.de
www.familienstrategie.de

Einleitung: Unternehmerfamilien – Stärken und Schwächen

Familienunternehmen in Deutschland

Familienunternehmen erfreuen sich großer Wertschätzung – vielleicht mehr denn je. In den zahlreichen Krisen der vergangenen Jahre konnten sie ihre Stabilität beweisen, was für die sicherlich noch bevorstehenden Belastungsproben zuversichtlich stimmt. Familienunternehmen haben den Charakter der deutschen Wirtschaft geprägt, und sie prägen ihn immer noch. Fielmann, Henkel, Aldi und Dr. Oetker kennt jedes Kind. Die Namen dieser Unternehmen stehen für Qualität, Innovationskraft und eine erstklassige Positionierung am Markt. Sie haben etwas, das Publikumsgesellschaften so häufig fehlt: einen unverwechselbaren Charakter. Dahinter steht die prägende Kraft starker Persönlichkeiten und traditionsbewusster Unternehmerfamilien. Die enge Verbindung von Familie und Unternehmen ist ihr eigentliches Erfolgsrezept. Denn sie ergibt ein schlagkräftiges Potenzial – eine spezielle Dynamik, Energie und Beharrlichkeit, die anderen fehlt.

Im Vergleich mit Publikumsgesellschaften haben eignergeführte Unternehmen originäre Stärken: flache Hierarchien, kurze Entscheidungswege, personelle Kontinuität, ausgeprägtes Kosten-Nutzen-Denken, Verlässlichkeit gegenüber Kunden und Geschäftspartnern, die starke Identifikation mit dem Unternehmen nach innen wie nach außen, das besondere Gefühl der Verantwortung gegenüber Belegschaft und Region und nicht zuletzt ein Gespür für Marktchancen, das keinen Vergleich zu scheuen braucht.

In der Summe sind diese Faktoren ausschlaggebend für den Erfolg von Familienunternehmen. In der Bundesrepublik Deutschland befindet sich ein beträchtlicher Teil der Großunternehmen in Familienhand, vor allem aber bilden sie mit über drei Millionen Betrieben aller Größenordnungen das mittelständische Rückgrat der

Wirtschaft. Das ist die glänzende Seite der Medaille. Die andere Seite nimmt sich weniger glänzend aus. Denn Familienunternehmen sind im Durchschnitt nicht langlebig. Es sind nicht allzu viele, die den steinigen Weg vom Familienunternehmen zur Unternehmerfamilie, vom Gründer zur Familiendynastie erfolgreich bewältigen. Das ist zunächst einmal kein Wunder. Denn nicht jedes kleine Unternehmen ist auch übergabefähig, und nicht jeder Handwerkersohn tritt in die Fußstapfen seines Vaters. Das allein aber vermag ihre relative Kurzlebigkeit nicht zu erklären.

Es gibt noch einen anderen Grund und dieser betrifft das kleine wie das große Familienunternehmen. Er macht auch vor den ganz großen nicht halt. Sie haben bei allen Stärken eine entscheidende Schwäche. Es ist die Familie selbst – die ebenso leistungsstarke wie störungsanfällige Kraftquelle des Unternehmens. An internen Auseinandersetzungen scheitern Familienunternehmen viel häufiger als am Markt. Im Lager der Alteingesessenen und Erfolgreichen weiß man das durchaus: „Die Risiken sind genau da, wo auch ihre Chancen liegen: in der Familie." Diese Einschätzung August Oetkers hat sich nicht nur in der eigenen Familie bestätigt. Geschwisterstreit in der Tchibo AG, einem Unternehmen der Familie Herz mit einem geschätzten Wert von weit über 10 Mrd. EUR, war über lange Jahre ein Dauerthema auf den Wirtschaftsseiten. Bahlsen hatte, von Nachfolgekämpfen gelähmt, nach der zweiten Realteilung die unangefochtene Marktführerschaft eingebüßt. Das Traditionsunternehmen Boehringer Mannheim wurde wegen internen Zerwürfnissen nach fast 140 Jahren an den Pharmakonzern Roche verkauft. Und die Eskalation von Gesellschafterkonflikten in der Familie Faßbender, der ausgerechnet der Rechtsschutzversicherer ARAG gehört, ist so manchem Rechtsanwalt zur auskömmlichen Pfründe geworden.

Solche Fälle sind Legion, und eines ist ihnen gemeinsam: diese Krisen sind nicht ökonomisch bedingt. Ihre Ursache sind schwache Unternehmerfamilien, denen es nicht gelungen ist, Konflikte in der Familie unter Kontrolle zu bringen. Die Konstellationen sind immer wieder die gleichen: Geschäftsführende Gesellschafter überwerfen sich, Stämme führen Grabenkriege, Nachfolgeregelungen werden blockiert – am Ende geht nichts mehr. Das unterscheidet schwache von starken Unternehmerfamilien. Die starken nutzen die Chancen der Verbindung von Familie und Unternehmen, die schwachen scheitern an den Risiken.

Wachstum und Entfremdung

Die Risiken haben einen simplen Grund. Familien sind natürliche Gemeinschaften. Sie sind darauf angelegt zu wachsen. Dadurch werden sie größer und gleichzeitig Entscheidungen schwieriger. Während beim Gründer Eigentum und Führung in ei-

Wachstum und Entfremdung

ner Hand vereinigt sind, ist die Situation bereits in der zweiten Generation fundamental anders. Der Gründer kann souverän entscheiden und handeln. Er legt Strategien und Ziele alleine fest. Er muss niemanden fragen, sich mit niemandem abstimmen. Schon wenn er zwei Kinder hat, werden diese vor eine völlig neue Situation gestellt. Sie werden jetzt genau das tun müssen und eine ganz normale Erfahrung machen. Mehr Menschen bedeuten automatisch mehr Interessen, mehr Meinungen, mehr Streit. Damit muss eine Unternehmerfamilie fertig werden können und ihre Kooperationsfähigkeit dem Wachstum der Familie entsprechend entwickeln. Ob sie stark oder schwach ist, erweist sich daran, ob eine Familie es schafft, aus einer Vielzahl von Mitgliedern eine handlungsfähige *Einheit* zu machen. Schafft sie es nicht, wird *Entfremdung* in der Familie und vom Unternehmen die Folge sein. Entfremdung ist der Destabilisierungsfaktor Nummer 1 in Unternehmerfamilien. Je mehr die Familie wächst, je größer sie wird, desto stärker treibt die Entfremdung sie auseinander. Die Zersplitterung der Anteile, die Bildung von Familienstämmen, die wachsende Distanz der Familienmitglieder zueinander und die Auflösung der emotionalen Bindung an Familie und Unternehmen sorgen für eine Zunahme der zentrifugalen Kräfte und werden zur Ursache zerstörerischer Konflikte – Bestand und Zukunft der Unternehmerfamilie stehen auf dem Spiel (Abb. 1.1).

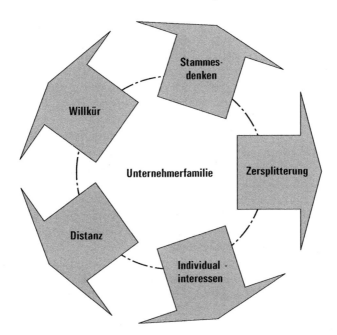

Abb. 1.1 Risikopotenzial Entfremdung

Je mehr das Interesse für die gemeinsame Sache schwindet, desto stärker drängen individuelle oder Gruppeninteressen in den Vordergrund. Das gemeinsame Investment der Familie im Unternehmen erweist sich allein als zu schwache Klammer, diese Kräfte zu binden. Jeder, der aus einer Unternehmerfamilie kommt, weiß, wie schwer es ist, sich dauerhaft als Interessengemeinschaft zu verstehen. Oft schon unter den Kindern des Gründers, aber spätestens in der dritten Generation, heizen Rivalitäten und Egoismen die Entfremdung an. Unternehmerfamilien sind daher tendenziell instabile Gebilde; die auch dort immer häufigeren Patchwork-Konstellationen stellen eine zusätzliche Belastung dar. Aber – das Unternehmen ist auf eine stabile und funktionsfähige Familie angewiesen. Nur so kann es dauerhaft als Familienunternehmen erhalten werden.

Strategische Konsequenzen

Für Familienunternehmen bedeutet das eine zusätzliche strategische Herausforderung. Auch das unterscheidet sie von Publikumsgesellschaften. Diesen reicht eine Unternehmensstrategie. Bei eignergeführten Unternehmen liegt die strategische Latte höher. Sie brauchen zusätzlich eine Familienstrategie. Die Familienstrategie ist ein unverzichtbares Instrument, um den Herausforderungen der Zukunft gewachsen zu sein: einer stabilen Nachfolgeplanung, einem effizienten Konfliktmanagement und der Entwicklung einer Family Governance, die das Potenzial einer Unternehmerfamilie optimal auszuschöpfen hilft. Warum das so ist, macht ein Blick auf die Struktur der internen Prozesse in Familienunternehmen klar. Voraussetzung eines reibungsarmen Zusammenspiels der drei Funktionskreise Unternehmen, Gesellschafter und Familie ist deren Binnenstabilität. Funktioniert einer dieser Kreise nicht, zieht das die beiden anderen unweigerlich in Mitleidenschaft.

Untersucht man die innere Struktur dieser drei Kreise, so fällt eines auf. Zwei der Kreise – Unternehmen und Gesellschafter – werden durch feste Regeln stabilisiert, einer – die Familie – jedoch nicht (Abb. 1.2). So sind die Verhältnisse im Unternehmen organisatorisch, operativ und strategisch geordnet, ebenso ist das Verhältnis der Gesellschafter durch den Gesellschaftsvertrag bestimmt. Die Familie dagegen ist kaum organisiert und daher labil. Denn ohne stabilisierende Strukturen vermag sie der Entfremdung wenig entgegenzusetzen. Das bedroht die Einheit der Familie. Die bewährten Mythen, vor allem das Vertrauen in ihre natürliche Gestaltungs- und Konfliktlösungsfähigkeit, schaden mehr als sie nutzen. „Wir sind schließlich Familie, das kriegen wir schon hin" – am festen Vertrauen auf diesen Glaubenssatz ist schon manches Familienunternehmen zugrundegegangen.

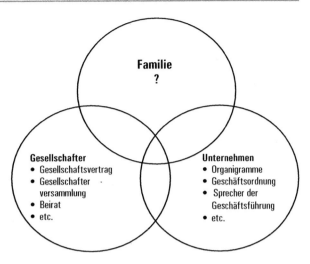

Abb. 1.2 Funktionskreise im Familienunternehmen

So schlimm muss es nicht immer kommen. Aber eines steht fest: die Selbststeuerungskapazität des Systems Familie wird erheblich überschätzt – mit fatalen Folgen. Interessengegensätze in der Familie verhindern fällige Regelungen: die Nachfolgeplanung liegt auf Eis, die Änderung des Gesellschaftsvertrages kommt seit Jahren nicht über die Entwurfsphase hinaus, Qualifikationsprofile für die Mitarbeit im Unternehmen sind ein ewiger Streitpunkt. Entscheidungsprozesse werden verschleppt, Handlungsblockaden folgen. Über kurz oder lang aber kommt es zu existenzgefährdenden Friktionen – die große Palette kalter, unerklärter und schließlich heißer Kriege in Familie und Unternehmen. Diese gelten mit Recht als die größten Wertevernichter in Familienunternehmen. Will sie diesem Risiko entgehen, kann eine Unternehmerfamilie nicht auf eine leistungsfähige Organisation mit Strukturen und festen Regeln verzichten.

Familienstrategie stabilisiert

Erfolgreiche Familiendynastien machen vor, wie es geht. Um die Einheit der Familie zu stärken, haben sie Strukturen und Regeln etabliert und so im System der Funktionskreise ihr konstruktives Zusammenspiel mit Gesellschaftern und Unternehmen ermöglicht. Mittlerweile wird dieses Regelungsgefüge mit einem markanten Begriff belegt: Family Governance. Die Entwicklung einer solchen Governance – und auch dafür liefern die Familiendynastien das Beispiel – ist jedoch an eine entscheidende Voraussetzung gebunden: ein intaktes gemeinsames Interesse.

Folgerichtig setzt die Familienstrategie hier an. Das gemeinsame Interesse muss stark genug sein, den Zusammenhalt der Familie zu sichern. Der Kern dieses Interesses ist das gemeinsame Investment im Unternehmen. Gemeinsam investiert zu sein, aber reicht allein nicht aus – das beweisen die Familienunternehmen, die durch familiären Streit auf der Strecke geblieben sind. Ein entscheidendes Moment muss noch hinzukommen: die gemeinsamen Grundüberzeugungen. Diese Grundüberzeugungen finden ihren Ausdruck im Werte-, Ziele- und Rollenverständnis einer Unternehmerfamilie. Indikator für ein intaktes Verständnis ist die Fähigkeit, folgende Fragen hinreichend präzise beantworten zu können: *Was verbindet uns? Wo wollen wir hin? Wer soll dabei welche Rolle spielen?*

So abstrakt diese Fragen scheinen, sie führen direkt in das Zentrum der Konkurrenz um Macht und Geld – von Führung, Beteiligung und Mitarbeit im Unternehmen. Die Qualität der Antworten auf diese Fragen entscheidet darüber, ob die Familie mehr trennt oder mehr verbindet, ob das Interesse Einzelner oder das gemeinsame Interesse dominiert. Wir haben es hier mit strategischen Themen zu tun, die für die Zukunft von Familie und Unternehmen von zentraler Bedeutung sind: ob das Unternehmen als Familienunternehmen erhalten werden soll, wie die Familie ihre Rolle bei der Führung definiert und wie sie Kompetenz sichert, die nachfolgende Generation an das Unternehmen heranführt und das Interesse am gemeinsamen geschäftlichen Engagement wachhält.

Hat sich eine Familie im Rahmen der Familienstrategie auf ein gemeinsames Interesse verständigt, macht sie sich an die Klärung der strategischen Themen. Auf der Grundlage der Resultate kann sie nun eine Family Governance entwickeln. Schafft sie auch das, wird sie für das Unternehmen zu einem verlässlichen Partner. Auf diese Weise stabilisiert, kann die Familie mit den beiden anderen Funktionskreisen reibungsarm und effizient zusammenwirken – sie wird handlungsfähig. Und sie lernt durch die Familienstrategie nach vorne zu schauen – das macht sie strategiefähig.

Wie wichtig es ist, eine Familienstrategie zu entwickeln, machen schon die Konsequenzen deutlich, mit denen eine zerstrittene Unternehmerfamilie konfrontiert wird. Die Bedrohung durch Menschliches und Allzumenschliches hat einen anderen Stellenwert als in einer Familie ohne Unternehmen. Konflikte bekommen zusätzlich eine handfeste materielle Dimension – es geht um den Erhalt oder Verlust von Unternehmen und Vermögen. Das verleiht den Bedrohungsszenarien ihre Intensität und Dynamik. Hier dominieren in erster Linie die Klassiker des Konfliktes – die Spannungen zwischen Gefühl und Vernunft, Vater und Sohn, zwischen Geschwistern und Familienstämmen. Zu diesen Szenarien gehören zweitens

Defizite einer Gemeinschaft stiftenden Einstellung zueinander – der Mangel an Weitsicht, Teamgeist und Zusammenhalt in der Familie. Drittens betreffen sie die typischen und typischerweise falschen Reaktionen darauf – vom Aussitzen von Problemen bis zum Krieg aller gegen alle. Dazu gehört auch das große Arsenal vermeintlicher Strategien, mit denen sich Unternehmerfamilien in Sicherheit wiegen.

Teil I
Hindernisse, Stolpersteine, Barrieren

Klassiker des Konfliktes 2

Nicht nur in Unternehmerfamilien gibt es eine Reihe von Standardsituationen, die gewissermaßen als Klassiker im Zentrum familiärer Konflikte stehen. Eines ist diesen Situationen gemeinsam: Sie sind naturgegeben, und man kann ihnen kaum entgehen. Als überzeitliche Muster prägen sie die Menschheitsgeschichte. Das bestätigen schon die Bibel und die griechische Mythologie, das bestätigt noch heute die Alltagserfahrung. Es sind die Konflikte zwischen Vätern und Söhnen, zwischen Geschwistern, zwischen Gefühl und Verstand, Loyalität und Egoismus, Treue und Verrat. Sie kommen in den besten Familien vor.

Für Unternehmerfamilien spielen sie eine besondere Rolle. Sie beschädigen das gemeinsame Interesse, fördern die Entfremdung und werden zum Einfallstor von Individualinteressen. Und es kommt noch ein wichtiger Aspekt hinzu: Unternehmerfamilien neigen dazu, Konflikte zu übersehen oder – noch schlimmer – sie zu tabuisieren. Beides schwächt, beides macht blind für das, was man sich besser eindeutig klarmachte – die typischen Konstellationen, aus denen sie entstehen und die Risiken, die sie nach sich ziehen. Wichtig ist für eine Unternehmerfamilie vor allem eine grundlegende Einsicht: Konflikte sind Bestandteil des Normalen. Sie gehören zum Leben. Die Tatsache eines Konfliktes stellt also keine Schwäche dar. Es kommt nur darauf an, wie sich eine Familie dazu verhält und ob sie die Folgen im Blick hat. Wenn die Familie versagt, dann versagt sie hier.

Untersuchen wir einmal die Situationen und Mechanismen, die aus der unreflektierten Vermengung von Vernunft und Gefühl entstehen können. Zum einen die schon erwähnten typischen Konfliktmuster, zum anderen die dahinterstehende Konkurrenz um Liebe, Macht und Geld. Und vor allem, was daraus im Normalfall resultiert, nämlich Entfremdung, und was daraus im schlimmsten Fall entstehen kann: Hass, Neid, Rache, eine zerstörte Familie und ein ruiniertes Unternehmen.

© Springer Fachmedien Wiesbaden GmbH 2022
K. Baus, *Die Familienstrategie*,
https://doi.org/10.1007/978-3-658-36833-3_2

Zwei Welten treffen aufeinander

In eignergeführten Unternehmen prallen zwangsläufig zwei Welten zusammen, die unterschiedlicher kaum sein können und die für die meisten Menschen strikt voneinander getrennt sind – Arbeitswelt und private Existenz. Ihr Zusammenspiel ist in der Tat problematisch.

Beide Welten unterscheiden sich fundamental voneinander. Das System der Familie ist bestimmt von verwandtschaftlicher Bindung und emotionaler Nähe. Im Idealfall zählen in der Familie die Positiva Liebe, Geborgenheit und Fürsorge. Aber Emotionen sind ambivalent. Entsprechend sind auch die Negativa wirksam – Abneigung, Kälte und Distanz. Im System Unternehmen dominieren dagegen rationale, an Wettbewerb und Gewinnmaximierung orientierte Gesichtspunkte. Weil beide Sphären so eng miteinander verknüpft sind, werden Entscheidungen gleichermaßen von sachlichen und emotionalen Motiven geprägt. Das spiegeln vor allem die Rollen der Eltern. Zugespitzt formuliert ist das Unternehmen das System des Vaters, die Familie das System der Mutter. Die beiden Systeme werden von unterschiedlichen Personen und Denkarten dominiert. Zudem sind sie miteinander verbunden und stehen in Wechselwirkung. Damit beginnen die Probleme und das heikle Thema der Rollen in diesen so verschiedenen Welten (Abb. 2.1).

Familienmitgliedern kommen in beiden Systemen Rollen zu. Der Unternehmer ist gleichzeitig Vater, die Tochter Nachfolgerin. Da beide Systeme nach eigenen Regeln funktionieren, wird den Akteuren manches abgefordert. Sie müssen jeweils unterschiedliche Rollen ausfüllen. Sie müssen sie aber nicht nur ausfüllen, sondern auch trennen können. Der Vater soll beispielsweise der liebende Vater hier und zugleich dort der rational kalkulierende Unternehmer sein. Im Regelfall ist das nicht weiter problematisch, die meisten Entscheidungen im Unternehmen haben mit familiären Belangen nichts zu tun. Schwierig wird es erst im Verhältnis der

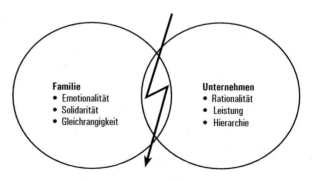

Abb. 2.1 Zwei Welten treffen aufeinander

Familie zum Unternehmen. Da ist die Fähigkeit, diese Rollen scharf voneinander zu trennen oder sie sinnvoll zu verbinden, in einem Maße notwendig, das die Beteiligten oft überfordert.

Unternehmer Udo Umbach, KFZ-Meister und begnadeter Tüftler, hat sein in Ostbayern gelegenes Unternehmen vom Garagenbetrieb zum Marktführer für Automobilzubehör hochgebracht. Die Umwandlung in eine Aktiengesellschaft steht an. Sein Sohn hat ebenfalls den Meisterbrief und ist seit fünf Jahren als Assistent des Vaters im Unternehmen tätig. Er strebt einen der drei Vorstandsposten an. Aus diesem Grund besucht er schon seit längerer Zeit Seminare für Führungskräfte. Als sich der zuständige Manager der emittierenden Bank zu einem Strategiegespräch ansagt, nimmt ihn der Vater wie selbstverständlich mit hinzu. Der Sohn sieht dem Gespräch mit Spannung entgegen, das dann, entgegen seiner Erwartung, völlig an ihm vorbeiläuft. Als der Banker zum Abschluss des Termins auf die Besetzung des Vorstandes eingeht, schneidet der Vater dem Sohn, der sich äußern will, das Wort ab und erklärt: „In meinem Vorstand brauche ich Vollprofis. Studierte Leute mit Erfahrung in den Auslands- und Finanzmärkten. Ich weiß, wovon ich rede. Ein KFZ-Meister kann das einfach nicht."

Diese Situation ist eine veritable Katastrophe für den Sohn wie für den Vorstandsaspiranten. Als Vater hat der Unternehmer seinen Sohn in die Firma geholt, um ihm einen Platz zu geben, an dem er sich beruflich verwirklichen kann. Nun ist die Firma stark gewachsen, und die Verhältnisse haben sich geändert. Als Vater wäre Udo Umbach stolz, seinen Sohn im Vorstand der zukünftigen AG zu sehen. Der Unternehmer im Vater aber weiß, dass ihm die Qualifikation dazu fehlt. Solange die Umstände keine Festlegung erzwungen, hat er darüber nie mit dem Junior gesprochen. Es ist ja auch keine Kleinigkeit, eine solche Entscheidung zu treffen. Das tagtägliche Durchschleppen des Problems, die verpassten Gelegenheiten und das Ausweichen vor Entscheidungen erzeugen anstelle der gebotenen Rollentrennung eine Rollenvermischung in den Köpfen der Beteiligten. Unternehmer und Vater, Nachfolger und Sohn – hier geht alles durcheinander. Der Vater hätte dem Sohn dezidiert die beiden Seelen in seiner Brust offenbaren müssen. Als Vater: „Ja, das wäre toll, wenn du Vorstand wirst", und als Unternehmer: „Nein, das ist zwei Nummern zu groß für dich." Das, was der Vater sich für seinen Sohn wünscht, traut der Unternehmer dem Bewerber auf den Vorstandsposten nicht zu.

Und dann passiert schnell das, was besser nicht passieren sollte. Die Unfähigkeit, die Rollen von Vater und Unternehmer zu trennen, führt dazu, dass die Ablehnung am falschen Ort, zur falschen Zeit, im falschen Kreis und nicht einmal dem Sohn gegenüber persönlich erfolgt. Die Ablehnung als Kandidat für den Vorstand ist die Pille, die der Sohn schlucken muss – und die ist schon bitter genug. Aber so, wie es gelaufen ist, fühlt er sich nicht nur als Bewerber für den Vorstandsposten, sondern auch als Sohn zurückgesetzt. Zwangsläufig sieht er seinen guten Willen als Sohn und sein Streben nach Qualifikation als Führungskraft gleichermaßen verraten. Udo Umbach und sein Sohn werden es zukünftig schwer miteinander haben. Was für Vater und Sohn gilt, gilt ebenfalls für Geschwister, die im gemeinsamen Unternehmen arbeiten. Rollenkonflikte werden in dieser Konstellation immer wieder auftreten. Schon das Verhältnis gleichberechtigter Gesellschafter ist alles andere als spannungsfrei. Besonders deutlich werden diese Konflikte, wenn die Geschwister im Unternehmen auf unterschiedlichen Hierarchieebenen agieren.

Ernst Ennermann ist geschäftsführender Gesellschafter der Ennermann GmbH. Seine ältere Schwester Eva ist Leiterin der Buchhaltung. Im Zuge der Einführung eines Kostenkontrollsystems erbittet Ernst eine Liste sämtlicher Löhne und Gehälter. Eva Ennermann steckt in einer schwierigen Situation, die Arbeit geht ihr nicht so flott von der Hand wie gewohnt. Ihr Mann ist vor einer Woche ausgezogen, und ihre beiden Kinder liegen mit Masern im Bett. Als Ernst erneut nach den Listen fragt, gerät ihm sein Auftritt etwas zu forsch. Eva bekommt einen Tobsuchtsanfall und putzt ihren Bruder vor versammelter Mannschaft herunter: „Du Idiot hast mir gar nichts zu sagen." Auch Ernst hat einen schlechten Tag erwischt, wird formell und erteilt seiner Schwester die Anweisung, die Listen bis 16.00 Uhr beizubringen. Eva tippt sich an die Stirn, greift nach ihrer Tasche und verabschiedet sich mit noch etwas kräftigeren Worten.

Dieses Scharmützel zwischen zwei Geschwistern enthält erheblich mehr Sprengstoff als es ein entsprechendes Geschehen in einem beliebigen Unternehmen hätte. Die Missachtung der Hierarchieebenen ist für sich genommen schon problematisch genug. Aber unter Fremden kann man sich trennen, wenn es hart auf hart kommt. Auch kann die Emotionalisierung eines Konfliktes als Kontrollverlust im Einzelfall entdramatisiert werden. Brisant wird der Rollenkonflikt im Familienunternehmen zunächst durch die fest gefügten Verhältnisse – der Weg zu einer Trennung ist weit oder prinzipiell versperrt. Vor allem aber ist die geschwisterliche Verbindung emotional bestimmt und wird es bleiben. Das aber lässt die Konfrontation von Bruder und Schwester, von Geschäftsführer und Abteilungsleiterin, die Vermischung von Gleichordnungs- und Hierarchieprinzip kritisch werden. Während in der Familie die erwachsenen Kinder unabhängig von ihrer Stellung im Unternehmen auf der Ebene der Gleichordnung miteinander verkehren, ist diese im Unternehmen außer Kraft. Hier gelten die verbindlichen Hierarchien. Diese aber sind beständig von den Emotionen bedroht, die nicht nur bei impulsiven Persönlichkeiten die Ratio verdrängen. Im Zweifelsfall obsiegt regelmäßig das System Familie und damit die Emotion über das System Unternehmen und die Ratio. Deshalb will es gut überlegt sein, ob Geschwistern der Zugang zum Unternehmen auf unterschiedlichen Hierarchieebenen geöffnet werden soll.

Der Vorrang des Systems Familie im Zusammenprall der beiden Welten wird besonders kritisch, wenn vitale Interessen des Unternehmens mit Individualinteressen von Familienmitgliedern kollidieren – ein ideales Feld für die Vermengung von Rollenmustern. Hier beweist sich immer wieder die Volksweisheit als richtig, dass Blut dicker als Wasser ist. In Familienunternehmen ist die Fürsorge für Familienmitglieder, die von Begabung oder Naturell nicht bevorteilt sind, oft eine Selbstverständlichkeit, die Vorrang vor ökonomischer Vernunft genießt.

Die Rudolf Raddatz GmbH in Osnabrück wird in zweiter Generation vom ältesten Sohn Rainer geführt. Der Unternehmensgründer Rudolf Raddatz hat sich vor zwei Jahren aus der Geschäftsführung zurückgezogen. Er hat stets an dem Grundsatz festgehalten, dass die Familie ins Unternehmen gehört. „Auf die Familie kann man sich verlassen" und „Das Unternehmen ist für die Familie da", sind seine stehenden Redewendungen. Der jüngste Sohn Ralf ist das ewige Sorgenkind. Er hat in der 10. Klasse die Schule geschmissen und anschließend mehrere Ausbildungen abgebrochen. Nachdem er sich erfolglos mit einer Herrenboutique versucht hat, holt ihn sein Vater als Assistent des Leiters Einkauf in die Firma. In dieser Position müht er sich seit nunmehr sieben Jahren mehr schlecht als recht. Der Leiter Einkauf, ein außerordentlich tüchtiger und von der Familie geschätzter Mann, hat jetzt die Nase voll. Die Arbeit wächst ihm über den Kopf, und Ralf ist weniger Entlastung als zusätzliche Bürde. Er kündigt. Rainer, der die Ansichten seines Vaters bislang zähneknirschend ertragen hat, platzt der Kragen.

Jeder Unternehmer muss für sich entscheiden, wie viel Familie das Unternehmen ertragen kann, soll und muss. So verständlich der Fürsorgegedanke in einer Unternehmerfamilie auch ist: Wenn der Zugang von Familienmitgliedern in das Unternehmen vollkommen unabhängig von Qualifikation möglich ist, bedeutet das eine wechselseitige Durchdringung der Systeme zu beider Nachteil. Das Maß der Durchdringung und die durch den Fürsorgegedanken zutage tretende Dominanz der Familie werden zu einer Belastung. Damit drückt das System Familie dem System Unternehmen seinen Stempel auf. Das legitime Interesse des Unternehmens an qualifizierten Mitarbeitern gerät in Konkurrenz zum ebenso legitimen Fürsorgeinteresse der Familie. Es ist also wichtig, diese Interessen auszugleichen. Ein Interessenausgleich ist beispielsweise über angemessene Qualifikationsanforderungen oder eine Beschränkung der Tätigkeit von Familienmitgliedern auf die Ebene der Geschäftsführung denkbar.

Die Familie soll und muss das Unternehmen prägen. Dazu kann selbstverständlich auch gehören, der Familie eine berufliche Plattform zu schaffen. Es kommt aber stets auf das Wie an. Und dort weniger auf den konkreten Einzelfall als auf die Tatsache, dass die Praxis aus lauter Einzelfällen besteht. Wenn laufend wohlmeinend und willkürlich Ad-hoc-Lösungen geschaffen werden, wenn die Extrawurst für jeden die Regel ist, kommt es über kurz oder lang zum Knall. Ein völlig ungeregeltes Miteinander, also das Fehlen von Strukturen zwischen Familie und Unternehmen, wird zwangsläufig Konflikte erzeugen. Es entsteht eine Gemengelage, die die Bewegungsfreiheit des Unternehmens beträchtlich einschränken kann. Daraus lassen sich zwei wesentliche Erkenntnisse ableiten: Die beiden Welten Unternehmen und Familie sind ungeregelt nicht kompatibel und schwächen einander. Aber Kompatibilität kann durch Strukturen, durch Regeln, die den Zugang der Familie zum Unternehmen steuern, hergestellt werden.

Halten wir also vorläufig Folgendes fest: Die beiden Welten im Familienunternehmen sind von Grund auf verschieden. Dieses Faktum lässt sich nicht aus der Welt schaffen, denn seine Ursachen sind immanent. Die Vermischung der Rollen bleibt für alle Beteiligten eine tückische Angelegenheit. Kränkungen und Enttäuschungen, Anmaßungen und Regelverletzungen sind ein idealer Nährboden für Entfremdung.

Vater und Sohn

Verschärft wird diese Konstellation, wenn sie von archetypischen Konflikten überlagert wird. Unternehmerpersönlichkeiten erweisen sich in Vater-Sohn-Konflikten als besonders robuste Akteure. Der Unternehmer kann nun einmal nicht aus seiner Haut heraus. Eine starke Persönlichkeit mit den viel zitierten Ecken und Kanten hinterlässt in ihrer Umgebung Spuren. Die Kinder des Unternehmers bleiben davon nicht verschont. Unternehmerkinder sind in vielerlei Hinsicht begünstigt und genießen Vorteile: nicht allein in finanzieller Hinsicht vor allem auch im Ansehen und nicht zuletzt im familiären Selbstverständnis, dem Stolz auf die Selbstständigkeit. Sie zahlen aber auch einen erheblichen Preis, vor allem dann, wenn sie für die Nachfolge infrage kommen. Das gilt speziell für die Söhne. Gerade die Erstgeborenen kommen bereits als Nachfolger im Unternehmen auf die Welt. In den Lebens- und Zukunftsplänen des Vaters ist dem ältesten Sohn eine feste Rolle zugewiesen. Er muss schon einiges anstellen, um sich für die Rolle des Nachfolgers zu disqualifizieren. Daraus folgt: Unternehmersöhne sind nicht frei. Die persönliche Lebensplanung wird von den ausgesprochenen wie den unausgesprochenen Erwartungen des Vaters und der Familie bestimmt. Töchter haben es da meist wesentlich leichter; ihnen wird bei Lebensplanung und Ausbildung ein größerer Spielraum zugestanden – wohl auch ein Grund für die relativ große Zahl von Seiteneinsteigerinnen bei der Unternehmernachfolge.

Selbst wenn Eltern es den Kindern ausdrücklich freistellen, ob sie in das Unternehmen gehen wollen oder nicht, bleibt bei diesen oft und mit Recht ein Zweifel.

Das Unternehmen, das sie als allgegenwärtigen Sachzwang empfinden und das so entscheidend das tägliche Leben regiert, kann auch sie in die Pflicht nehmen. Und im Normalfall dominiert ohnehin die Erwartung des Vaters an seinen Sohn, die Nachfolge anzutreten. Was so selbstverständlich ist wie die Nachfolge durch den Ältesten, kann nicht ohne weiteres infrage gestellt werden. Diese Frage zu stellen, kommt einem Tabubruch gleich und unterbleibt also regelmäßig.

Siegfried Schumm, 62 Jahre alt, ist sauer auf seinen Sohn. Er hat es vom kleinen Immobilienmakler zu einem der führenden Objektentwickler in einer norddeutschen Großstadt gebracht. Siegfried Schumm beschäftigt mittlerweile 90 Mitarbeiter. Sören, 29 Jahre alt, Diplom-Kaufmann mit MBA, sollte schon vor zwei Jahren in die Firma eintreten, um seinen Vater zu entlasten. Zurzeit arbeitet er an seiner Dissertation. Der Vater hat ihm bereits ein Büro eingerichtet und einen Firmenwagen zur Verfügung gestellt. Sören kommt aber nicht nur selten in die Firma, er lässt sich auch – zunehmend misstrauisch von seinem Vater beäugt – seltener zu Hause blicken. Als die Spannungen in der Familie zunehmen, weil der Vater sich im Stich gelassen fühlt, beichtet Sören der Mutter, dass man ihm eine Stelle als wissenschaftlicher Mitarbeiter an der Universität angeboten hat. Das sei für ihn die Chance, seinen Lebenstraum zu verwirklichen – er denke an eine akademische Laufbahn.

Das Unternehmen dürfte für Sören Schumm über die Jahre zum annähernd unausweichlichen Verhängnis geworden sein – als allgegenwärtiger Ursprung innerer Kämpfe zwischen Pflicht und Neigung, Gehorsam und Selbstverwirklichung. Eine Ablehnung der Nachfolge, die für den Vater seit eh und je festgestanden hat, durchkreuzt dessen Lebenspläne und enttäuscht ihn zutiefst: „Wofür habe ich das denn gemacht?" Während der Vater meint, dem Sohn die Chance seines Lebens auf dem Silbertablett zu servieren, empfindet der Sohn das Unternehmen als düstere Bedrohung, der er sich nur um den Preis eines heftigen Konfliktes entziehen kann. Das große Schweigen hat seinen Grund: Das Infragestellen der Nachfolge gehört zu den härtesten Tabus in Unternehmerfamilien. Als Sohn kann man hier viel falsch machen. Was für den Vater so sonnenklar ist, kann bei einer Ablehnung durch den Sohn nur zu schwersten Enttäuschungen und sogar zum Bruch mit dem Vater führen. Aus diesem Grund versuchen Söhne häufig, sich einem klärenden Gespräch zu entziehen. Die vom Vater vordergründig als Schwäche ausgelegte Unentschiedenheit des Sohnes zwischen eigenen Lebensplänen und dem Wunsch, ein guter Sohn zu sein, ist nicht mehr und nicht weniger als ein unausgesprochenes Nein.

Vater-Sohn-Konflikte gibt es in den unterschiedlichsten Spielarten. Ihre Ursache kann nicht nur in der Wesensverschiedenheit von Sohn und Vater begründet sein. Einem starken Vater kann ein schwacher Sohn gegenüberstehen. Und ein starker Vater kann einen ebenbürtigen oder ihm sogar überlegenen Sohn haben. Für die

Nachfolge im Unternehmen gilt folgende Regel: Konflikte haben ihre Ursache darin, dass sich die Protagonisten entweder nicht oder zu sehr ähneln.

Josef Jungbluth, 57 Jahre alt, Gründer eines Maschinenbauunternehmens im Fränkischen, hat einen äußerst energischen und tatkräftigen Sohn: Jens, einen Macher reinsten Wassers. Josef Jungbluth bedeutet sein Unternehmen alles, und er hat den Sohn immer als Nachfolger gesehen. Um Jens haben ihn seine Unternehmerfreunde beneidet. Nach Abschluss der Ausbildung ist Jens als Niederlassungsleiter Österreich eingestiegen. In kürzester Zeit macht der Sohn die Niederlassung zum renditestarken Marktführer. Josef Jungbluth ist stolz und sieht seine Erwartungen bestätigt. Jens wechselt in die Geschäftsleitung des Stammhauses. Der Vater freut sich darauf, mit seinem Sohn gemeinsam das Unternehmen zu führen. Zu seiner Überraschung aber setzt Jens ihm bereits nach sechs Monaten die Pistole auf die Brust. Es sei an der Zeit, ein offenes Gespräch über die zukünftige Unternehmensleitung zu führen. Er verlangt einen verbindlichen Termin für den Rückzug des Seniors, sonst müsse er sich beruflich anders orientieren. „Ich bin ein Unternehmer wie du. Ich muss das hier alleine machen. Und zwar bald – oder ich mache etwas anderes."

Nicht nur im Märchen werden Träume manchmal wahr. Im Fall Josef Jungbluths erfüllt sich tatsächlich ein Traum, allerdings mit unbeabsichtigten Nebenfolgen. Denn für seinen Traum soll der Senior reichlich unerwartet einen hohen Preis zahlen. Plötzlich wird der eigene Sohn zum Rivalen. Die Lebenspläne, die bislang bruchlos zueinander passten, erweisen sich durch die rasante Entwicklung des Juniors als überholt. Der Senior steht vor zwei unerquicklichen Alternativen. Die Führung des Unternehmens, seinen eigenen Lebensmittelpunkt, müsste er opfern, um die Zukunft seines Lebenswerks sicherzustellen. Und umgekehrt muss er mit dem Verlust des Nachfolgers rechnen, der woanders mit Sicherheit Karriere machen und kaum den Weg in das elterliche Unternehmen zurückfinden wird. Überlässt er dem Junior das Feld, dann nimmt der Sohn dem Vater den Status vor der Zeit. Als Unternehmer ist der Sohn naturgemäß ein Alleingänger, und als solcher handelt er konsequent. Ohne Schrammen wird das nicht abgehen: Der Vater wird es als Verrat des Sohnes empfinden. Der Thronfolger wird zum Königsmörder.

Der Vater-Sohn-Konflikt ist einer der potenziellen Orte ernsthafter Auseinandersetzungen in Unternehmerfamilien, in aller Regel ausgelöst durch das Nachfolge-Thema. Diese Frage ruft nach realistischer Planung und aktiver Steuerung, ist aber viel zu häufig durch Tabus, Wünsche und Rivalitäten einer solchen entzogen. Es fehlt an verbindlichen Regeln für Ein- und Ausstieg von Junior und Senior. Konflikte und das Fehlen von Strukturen stehen in einem direkten Zusammenhang.

Geschwisterrivalitäten

In jeder Familie sind Geschwister natürliche Rivalen. Sie konkurrieren um die Liebe und Aufmerksamkeit ihrer Eltern ebenso wie um ihre Stellung untereinander. In Unternehmerfamilien findet die Rivalität einen weiteren Ort, an dem sie sich entfalten kann: im und um das Unternehmen. Damit materialisiert sich die Rivalität gleichsam. Sie bleibt nicht nur Konkurrenz um immaterielle Güter, sie wird zur Konkurrenz um Macht und Geld. In diesem Kampf aber sind Geschwister nicht gleich. Wie immer im richtigen Leben sind einige gleicher als andere. Die Privilegierung der Söhne bei der Besetzung der Führungspositionen im Unternehmen und dort der Vorrang der Erstgeborenen ist ein fruchtbarer Acker, auf dem Rivalität gut gedeiht. Über kurz oder lang werden diese Rivalitäten nicht nur in der Familie, sondern auch im Unternehmen ausgetragen.

Bernd Bongartz führt ein Unternehmen im Anlagenbau. Beide Kinder, Berthold und Bianca, sind seit Abschluss des Studiums neben dem Vater im Unternehmen tätig. Der Sohn ist seit jeher der designierte Thronfolger. Doch die ehrgeizige Tochter erweist sich als energischer und talentierter, das weiß auch der Senior. Gleichwohl erwartet er, bodenständig und konservativ wie er ist, dass Bianca nicht auf Dauer in der operativen Führung bleibt. Sie steht kurz vor ihrer Heirat, und der Vater hat sie stets in der Rolle der zukünftigen Hausfrau und Mutter gesehen. Da er sie aber auch nicht benachteiligen will, beschließt er, das Unternehmen zu gleichen Teilen an Sohn und Tochter zu vererben. Auf diese Lösung ist er nicht wenig stolz. Schon bald folgt die Probe aufs Exempel. Nach kurzer schwerer Krankheit verstirbt der Vater noch vor Biancas Hochzeit, und die Lösung erweist sich weniger standfest als gedacht. Entgegen der Intention des väterlichen Willens denkt Bianca nicht daran, ihren Sessel in der Firma zu räumen. Im Gegenteil – sie fordert mehr Kompetenzen ein. Der Bruder pocht auf sein Recht auf die natürliche Thronfolge. Der Konflikt bricht offen aus. Die Geschwister geraten sich beinahe täglich in die Haare. Leitende Mitarbeiter werfen entnervt das Handtuch. Gesellschafterversammlungen finden nur noch im Beisein von Rechtsanwälten statt.

Die düstere Einschätzung des englischen Philosophen Thomas Hobbes, der Mensch sei des Menschen Wolf, bestätigt sich bei Geschwisterrivalitäten in besonders drastischer Weise. Geschwisterrivalitäten sind das Schlachtfeld, auf dem schon manches Familienunternehmen sein Ende gefunden hat. Nur selten wird ein Konflikt mit so viel Umsicht und Klugheit vermieden wie im Falle der Brüder Albrecht, die den Lebensmitteldiscounter Aldi zunächst gemeinsam führten. Unterschiedliche Auffassungen über die Umsetzung der gleichen Idee veranlasste sie aber frühzeitig zu einer Realteilung und zur Verfolgung des Ziels der Marktführerschaft auf verschiedenen Wegen in verschiedenen Regionen.

Dieses konstruktive Neben- und zugleich Miteinander ist die Ausnahme. Typisch ist im Konfliktfall vielmehr die Verdrängung jeder Vernunft durch das Gefühl. Dadurch werden Geschwisterrivalitäten mit erstaunlicher Rücksichtslosigkeit und um den Preis beträchtlicher Selbstschädigung ausgetragen. Es geht um nichts weniger als den Sieg in diesem Kampf, auch wenn es nichts mehr zu gewinnen gibt. Der Eröffnung immer neuer Scharmützel widmen sich die Kombattanten mit großer Hingabe. Koalitionen werden in Familie und Unternehmen geschmiedet und zerfallen, Parteigänger der Gegner befehdet, Informationen unterdrückt und falsche lanciert, Indiskretionen gestreut und Obstruktionspolitik betrieben. Auf diese Weise bleibt nicht viel Energie übrig, das zu tun, was Unternehmer eigentlich tun müssen, nämlich das Unternehmen zu führen.

Das vordringliche Interesse der Eltern, diese Rivalitäten unter Kontrolle zu bringen, ist also verständlich. Häufig versuchen sie, anders als Bernd Bongartz, nicht nur gleich zu verteilen, sondern die Rivalität um die Macht durch die Verpflichtung der Kinder auf eine Teamlösung bei der Führung des Unternehmens zu kanalisieren. Was auf den ersten Blick als Ausweg aus dem Dilemma erscheint, erweist sich in der Realität meist als Bumerang. Der Konfliktdruck bei der operativen Führung eines Unternehmens im Team ist nicht zu unterschätzen und stellt ein noch höheres Risiko dar als die Gleichverteilung der Anteile. Selbst wenn eine gemeinsame Führung bewusst und gewollt praktiziert wird, sind die Kosten gewaltig. Der Preis, der für Information, Abstimmung und Konsensfindung zu zahlen ist, wird im Vorhinein regelmäßig unterschätzt. Tatsächlich aber ist dieser Aufwand beträchtlich und belastend, was seinerseits Konflikte erzeugt.

Die Geschwister Dieter, Detlev und Doris Dorenkamp sind zu gleichen Teilen Gesellschafter einer KG. Während Dieter und Detlev, dem Wunsch des Vaters entsprechend, die Geschäftsführung gemeinsam ausüben, ist Doris – der gute Geist des Geschwistertrios – freie Grafikerin. Vor dem Hintergrund der Vollhaftung ihrer beiden Brüder hatte Doris mehrfach die Umwandlung der Gesellschaft in eine andere, haftungsbegrenzende Rechtsform angeregt. In Folge unterschiedlicher Vorstellungen über die Geschäftspolitik wächst der Diskussionsbedarf zwischen den Brüdern seit Jahren an. Vorhandene Animositäten schlagen in Hass um. Die Brüder reden nicht mehr miteinander. Die Abstimmung erfolgt nur noch über Doris. Dieses Verfahren hat eine Zeit lang mehr schlecht als recht funktioniert. Durch Konzentrationsprozesse auf dem Markt steht eine strategische Neupositionierung der Firma an. Diese ist mit erheblichen Investitionen verbunden. Damit wird die Änderung der Rechtsform wieder aktuell, weil keiner der beiden die persönliche Haftung ausweiten will, solange der Bruder noch im Unternehmen ist. Jetzt kollabiert das System der indirekten Kommunikation der Komplementäre über die Schwester durch den erhöhten Entscheidungsdruck endgültig. Das Unternehmen wird de facto handlungsunfähig und droht, seine Position am Markt einzubüßen. Hier zeigt sich: Teamlösungen sind nur in Ausnahmefällen ein Ausweg aus der Geschwisterrivalität. Solche Lösungen erfordern hoch differenzierte Strukturen. Und ob diese Strukturen Auseinandersetzungen tatsächlich überstehen, ist fraglich. Gleichwohl – funktionieren kann es und das durchaus erfolgreich. Die Führung im Team erfordert allerdings ein hohes Maß an Disziplin und Kontrolle der Emotionen. Denn der Zusammenprall der Welten von Familie und Unternehmen ist in einem Team an der Tagesordnung.

Damit nicht genug. Denn die Geschwistergesellschafter sind für sich genommen auch keine Solitäre. Im Allgemeinen sind sie verheiratet oder leben in einer Partnerschaft, und wo Liebe im Spiel ist, da zeichnen sich neue Konfliktlinien ab. Damit kommen in noch rudimentärer und vorläufiger Form die Themen Wachstum und Zersplitterung für die Unternehmerfamilie ins Spiel. Ein Thema, das erst in der dritten Generation voll ausgeprägt ist. Mit den Ehepartnern der Geschwister vergrößert sich der Kreis der Akteure, die auf Entscheidungen Einfluss nehmen. Und die Entscheidungen werden damit nicht einfacher.

Paul Pallocks hat sich vor fünf Jahren aus der Geschäftsführung der Unternehmensgruppe Pallux Lichtsysteme zurückgezogen, an der er heute noch die Mehrheit mit 52 % hält. Seine Töchter Petra und Paula haben seitdem gemeinsam die Leitung des Unternehmens inne. Mit ihrer Schwester Pia halten die beiden die restlichen 48 % der Anteile. Petra ist mit einem Ingenieur, dem Leiter des städtischen Vermessungsamtes, verheiratet. So sehr Petras Mann den gehobenen Lebensstandard schätzt, so wenig Verständnis hat er für das unternehmerische Engagement seiner Frau. Paula ist mit dem Sohn von Paul Pallocks bestem Unternehmerfreund verheiratet. Dieser ist selbst erfolgreich tätig und glücklich, dass seine Frau weiß, was sie will. Pias Mann ist der Shooting-Star der Firma im Bereich Produktentwicklung. Die neue Linie des Hauses hat den Umsatz um 40 % steigen lassen. Die Nachfrage macht eine neue Produktionsstraße notwendig. Die Hausbank besteht auf der Übernahme persönlicher Bürgschaften durch die Gesellschafter. Petra gerät in eine böse Klemme, als ihr Mann hinsichtlich der Ausweitung der persönlichen Haftung seiner Frau annähernd hysterisch reagiert. Alle wollen die Produktionsstraße um jeden Preis, auch Petra. Als sie sich mit ihrem Vorschlag, alternativ eine Anleihe zu begeben, nicht durchsetzen kann, fühlt sie sich im Stich gelassen und erklärt entnervt ihren Rücktritt. Während der Senior und Paula ihr noch mangelnden Biss vorwerfen, fordert Pia bereits den vakanten Posten für ihren Mann ein. Paul Pallocks kontert trocken: „In die Geschäftsführung kommt mir nur Familie." Pia ist empört – ob denn ihr Mann nicht zur Familie gehöre? Er habe schließlich genug für die Firma getan, ohne ihn bräuchten sie über die Investition gar nicht nachzudenken.

Die erhöhte Zahl der an Entscheidungen Beteiligten, beginnende Distanzierung und divergierende Interessen, in diesem Fall die unterschiedliche Risikobereitschaft der Ehepartner, machen Entscheidungen schwieriger. Wenn etwa in Zusammenhang mit einer fälligen Investition der Kredit durch einen Gesellschafter persönlich abgesichert werden soll, wird der Ehepartner das nicht immer widerstandslos hinnehmen. Auch dann nicht, wenn er selbst gar nicht haftet – ein typisches Verhalten bei wenig risikogewohnten Menschen.

Zu der Vertretung der eigenen Interessen können sich die Interessen der Ehepartner addieren. Auch hier gilt: mehr Menschen, mehr Interessen, mehr Konflikte. Zu übertriebenem Argwohn gegenüber Schwiegerkindern besteht gleichwohl kein Anlass. Die Ehepartner der Geschwister sind in ihren Wirkungen ambivalent. Natürlich gibt es Fälle, in denen ehrgeizige Partner die Situation verschärfen. Aber ebenso häufig wirken sie moderierend. Ganz gefährlich aber ist, keine verbindlichen Strukturen zu schaffen und beispielsweise die Frage ungeklärt zu lassen, ob Ehe- und Lebenspartner zur Familie gehören oder nicht.

Zersplitterung

Der Blick auf einen Familienstammbaum lässt die Dynamik erkennen, mit der sich Generation für Generation die Anzahl der Familienmitglieder erhöht. Was Königshäuser durch das Recht des Erstgeborenen und die Höfeordnung für den Erhalt leistungsfähiger Betriebsgrößen in der Landwirtschaft bewirkt haben, trifft auf das Vermögen von Unternehmerfamilien nicht zu: Die Zersplitterung im Erbgang ist hier der Regelfall. Sie bringt für Unternehmerfamilien eine Reihe ernster Belastungen, deren Tragweite kaum gesehen und wenn doch, zumindest unterschätzt wird. Reagiert eine Unternehmerfamilie auf diese Herausforderung nicht angemessen, dürfte sie mit einer Thronfolger-Regelung oder einer dauerhaften Begrenzung des Gesellschafterkreises besser zurechtkommen.

Nur von einem unreflektierten Standpunkt betrachtet, erscheint die Gleichverteilung der Anteile auf die Erben als Königsweg. Tatsächlich aber ist sie nicht mehr als ein Verfahren der Konfliktvermeidung, das im Namen der Verteilungsgerechtigkeit erst die Zersplitterung erzeugt, ohne sie durch entsprechende Strukturen abzustützen. Zersplitterung ist meist ein starker Hinweis darauf, dass der Unternehmer einen einsamen Entschluss gefasst und sich vom formalen Gerechtigkeitsgrundsatz der Gleichverteilung hat leiten lassen. Der Freude über die salomonische Glanztat entspricht die Indifferenz bezüglich der Folgen. Nachteile für das Unternehmen werden entweder für nicht existent oder hinnehmbar erklärt. Dabei sind die durch Zersplitterung verursachten Probleme beträchtlich und schwer beherrschbar. Denn eines steht bereits abstrakt fest: Sie führen zu einer kritischen Erhöhung der Komplexität von Entscheidungsprozessen durch die Vergrößerung des Gesellschafterkreises.

Die Ludwig Luckenbach Holding, eine traditionsreiche Unternehmensgruppe im Emsland, besteht in dritter Generation. 11 Cousinen und Cousins aus drei Stämmen halten Anteile zwischen 5,5 und 16,6 % an dem Unternehmen. Neun Gesellschafter leben über die ganze Bundesrepublik verstreut, einer lebt in Neuseeland, ein anderer auf Ibiza. Das Unternehmen wird von dem engagierten Fremdmanager Matthias Matz geführt. Matz hat es durch seine verbindliche Art und seine Loyalität gegenüber der Familie bisher immer noch geschafft, den Gesellschaftern die notwendigen Entscheidungen abzuringen. Das ist in den letzten Jahren zunehmend schwieriger geworden. Das Interesse der Gesellschafter ist zurückgegangen. Seit Jahren sinken die Ausschüttungen, da Matz die Kriegskasse für Investitionen gefüllt hält. Der geplante Neubau eines Zweigwerks wird die Ausschüttungen auf Jahre hinaus nochmals kräftig reduzieren. Die Gesellschafterversammlung lässt sich denn auch mühsam an. Die im Ausland wohnenden Lothar und Leo werden von ihren Anwälten vertreten, die in telefonischem Kontakt mit ihren Mandanten stehen. Zwei Gesellschafter sind wegen Urlaubs ferngeblieben. Die Diskussion spitzt sich zu, als fünf der sechs 5,5 % Gesellschafter die Investition ablehnen: Ihnen bliebe dann ja gar nichts mehr übrig. Außerdem sei Cousine Liane dringend auf die Ausschüttungen angewiesen. Die beiden 16,6 % Gesellschafter halten das für kurzsichtig: Die Firma verlöre in diesem Fall den Anschluss an den Markt, und im Übrigen solle sich Liane endlich einen Mann suchen. Schließlich hätten sie beide richtig Geld zu verlieren und die anderen auch nicht wenig, wenn der Laden den Bach hinunterginge. Ein Jahr und vier Gesellschafterversammlungen später ist man immer noch nicht weiter. Die Zahl der Rechtsanwälte in der Runde hat zwischenzeitlich weiter zugenommen. Matthias Matz verliert langsam aber sicher die Lust.

Eines wird hier deutlich: Die Vergrößerung des Gesellschafterkreises und die wachsende Distanz zu Familie und Unternehmen erschweren die Entscheidungsfindung. Wie schon gesagt – mehr Menschen, mehr Interessen, mehr Meinungen. Und diese vermehren sich von Generation zu Generation. Die Entfremdung wird zusätzlich durch die unterschiedliche Anzahl der Kinder der einzelnen Gesellschafter emotionalisiert. Je nachdem wie das Erbe auf die nächste Generation verteilt wird – nach Köpfen oder nach Stämmen – hat die Zahl der Kinder höchst unterschiedliche Folgen für die Teilhabe an Macht und Geld. Es macht einen Unterschied, ob ein Gesellschafter mit 5,5 % oder dem Dreifachen davon beteiligt ist. Das bedeutet dreimal so viel Einfluss und dreimal so viel Ausschüttung. Und das alles nur, weil sie zu Hause nicht zu sechst, sondern zu zweit waren.

Hinzu kommen die Konflikte, die aus der Verkleinerung der Anteile bei gleichbleibenden finanziellen Ansprüchen resultieren. Der Schweizer Bankier Raymond Bär bezeichnete das als eines der universellen Gesetze für Familienunternehmen: Die Familie wächst stets schneller als die Zahl der Geschäfte. Diejenigen, auf die nur kleine Anteile entfallen, werden es sich kaum leisten können, ihren Beruf als Hobby zu betrachten. Für sie kann die jährliche Ausschüttung ein Zubrot, nicht aber die Basis ihrer Existenz sein. Die Versorgung eines wachsenden Gesellschafterkreises durch Expansion des Unternehmens und Steigerung des Gewinns leisten zu können, kann nicht Gewissheit, sondern allenfalls Hoffnung und damit auch nicht Gegenstand rationaler Planung sein.

Die Folgen der Zersplitterung sind gravierend. Sie führen zu Entfremdung mit all ihren Folgen – Ratlosigkeit, Frustration, Aggression und einer schleichenden Erstarrung in einem immer größer werdenden Gesellschafterkreis. Diesen offenkundigen Symptomen von Schwäche muss eine Familie durch Strukturen gegensteuern. Spätestens in der dritten Generation ist ein Regelwerk unentbehrlich. Sinnvoll unterstützt wird es durch Persönlichkeiten, die imstande sind, divergierende Interessen auszugleichen oder sie als Meinungsführer zu bündeln – quasi als Fraktionschefs. Familien, in deren Reihen solche Führungspersönlichkeiten stehen, die von einer Mehrzahl der Familienmitglieder akzeptiert werden, können sich mehr als glücklich schätzen. Ansonsten bewegen sich Familien zwischen Machtkämpfen und Ohnmacht, zwischen Stammesdenken und Maximierung von Eigeninteressen sowie dem Wunsch einzelner Gesellschafter, es den anderen gelegentlich so richtig zeigen zu können: „Einmal der Chef im Ring sein! Einmal alleine die Hosen anhaben!"

Die schwindende Schlag- und Gestaltungskraft führt dazu, dass der Familie immer unklarer wird, was sie für das Unternehmen überhaupt konkret leisten kann. Eine eigene unternehmerische Leistung kann sie schon gar nicht mehr erkennen. Denn landläufig wird eine solche allein mit dem operativen Geschäft gleichgesetzt. Die Idee, die unternehmerische Leistung der dritten Generation und aller nachfolgenden könne auch in der Schaffung oder im Erhalt der Handlungsfähigkeit einer immer größer werdenden Unternehmerfamilie bestehen – also eine starke Familie zu werden oder zu bleiben – ist keinesfalls populär. Dabei ist das eine anspruchsvolle Aufgabe im Rahmen dessen, was an Gestaltungsmöglichkeiten verblieben ist. Die Aufgabe erfordert viel Disziplin und guten Willen zum Erfolg – das beharrliche Bohren dicker Bretter. Erschwert wird sie durch eine weitere Konfliktlinie, die neben der zunehmenden Zahl der Gesellschafter und den ergo schrumpfenden Anteilen die Zersplitterungsproblematik verschärft: das Mit-, Neben- und

Gegeneinander tätiger und nichttätiger Gesellschafter. Ein Problem, das schon in der zweiten Generation virulent werden kann.

Der geschäftsführende Gesellschafter Gerd Geseke sieht jeder Gesellschafterversammlung mit gemischten Gefühlen entgegen. Auch diesmal steht ihm wieder eine Gratwanderung bevor. Wegen Einbrüchen am Markt wird die Ausschüttung für das vergangene Geschäftsjahr dürftiger ausfallen als in den Jahren zuvor. Seine drei älteren Schwestern, die die übrigen 75 % am Unternehmen halten, reisen dazu bepackt mit Geschenken für seine Kinder und den neuesten Urlaubsfotos an. Auf der Tagesordnung steht, neben den üblichen Punkten, der Antrag einer Schwester, bereits zu Lebzeiten der vier Geschwister beträchtliche Anteile auf die 13 Kinder zu übertragen. Den drei Wochen zuvor übersandten Entwurf des Jahresabschlusses hat nur eine der Schwestern mitgebracht. Gerd Geseke fühlt sich unbehaglich, zumal er wegen eines weiteren zwingenden Termins unter erheblichem Zeitdruck steht. Die Anwesenheit des kaufmännischen Geschäftsführers ist ihm wie immer unangenehm. Dieser leistet sich auch noch eine süffisante Bemerkung über den zukünftig wohl beträchtlich erweiterten Gesellschafterkreis. Als Gerd nach einer halben Stunde Kaffeetrinkens zur Tagesordnung übergehen will, beharrt seine älteste Schwester darauf, ihm noch die Fotos ihrer Tochter Gesine beim Voltigieren zu zeigen. Er reagiert zunächst unwirsch und versucht sich anschließend zu retten, indem er etwas unbeholfen ironisch auf den doch nicht weiter kommentierungsbedürftigen abstimmungsreifen Abschluss der Gesellschaft hinweist. Ein Sturm der Entrüstung bricht los. So gehe das nicht. Die Frist von drei Wochen sei zu kurz und dann der unmögliche Ton und das Tempo, mit dem die Abstimmung erzwungen werden solle – und überhaupt, warum denn die Ausschüttung so gering sei? Er solle sich gefälligst auf den Hosenboden setzen und sehen, dass seine Zahlen stimmen.

Die Psychologie des nichttätigen Gesellschafters ist kompliziert. Nichttätige neigen zu Minderwertigkeitsgefühlen, weil sich soziales Ansehen primär über verantwortliche Tätigkeit vermittelt. Wir leben nun einmal in Zeiten einer Meritokratie. Danach ist nur ein tätiger Gesellschafter ein guter Gesellschafter. Ererbter Wohlstand erscheint als Überbleibsel ständischer Privilegierung. Als Nur-Erbe hat er an den Segnungen der Meritokratie nicht teil, sondern allein der Tätige verdient, was er verdient. Nichttätige empfinden diesem gegenüber ein chronisches Legitimationsdefizit.

Dieser defizitären Selbstwahrnehmung des nichttätigen Gesellschafters entspricht die Selbsteinschätzung seiner Stellung im Unternehmen: Er sieht sich machtlos. Dem korrespondiert die Überschätzung von Position und Einfluss des tätigen Gesellschafters und die Unterschätzung der eigenen Bedeutung. Denn immerhin ist er doch auch Eigentümer, und oft stellen die Nichttätigen in der

Gesellschafterversammlung die Stimmenmehrheit. Das liefert Stoff für Gedankenspiele. Die Überschätzung des Tätigen durch den Nichttätigen erzeugt den Traum vom Rückspiel in der nächsten Generation. Dann soll der Sohn des Nichttätigen zum Zug kommen und die Scharte auswetzen. Dieses Phantasma beherrscht das Denken so manches Nichttätigen.

Ganz anders ist die psychische Konstitution des tätigen Gesellschafters beschaffen. Er steht auf der Sonnenseite der Meritokratie. Er ist derjenige, der sein Geburtsprivileg durch Leistung bestätigen kann. Das beschert ihm einen komfortablen Legitimationsvorsprung. Er bringt die Leistung und sorgt für die Renditen. Und dabei hat er nicht nur den Zeitgeist im Rücken. Denn er verfügt außerdem souverän über eine bedeutende Machtressource, die den anderen fehlt: die Informationen. Damit hat er auch den Zugang der Nichttätigen zu ihnen in der Hand. Aber so glänzend sich dieses Bild auch präsentiert, es mischt sich doch etwas Bitterkeit und Selbstmitleid hinein. Schließlich bleibt doch alles an ihm hängen, bleibt er doch der Ochse, der den Karren zieht.

Diese so unterschiedlichen Psychogramme verheißen wenig Gutes. Und in der Tat: Auch das Miteinander von tätigen und nichttätigen Gesellschaftern ist eine prekäre Angelegenheit, und wieder ist die Ursache strukturell. Denn es bedarf häufig keiner direkten Konfrontation, keines unmittelbaren Anlasses. Das Miteinander an sich ist kränkend. Schon das von Souveränität getragene Selbstverständnis des tätigen Gesellschafters reicht aus, um Konflikte hervorzurufen. Das führungsgewohnte Verhalten, die andere Sprache, die strikte Ergebnisorientierung, der Informationsvorsprung, das Gefühl gesteigerter Legitimation, der Mangel an Zeit bei der Pflege persönlicher Kontakte etc. kann bereits zum offenen Konflikt führen; jenseits konkreter Interessengegensätze. Umso mehr, wenn solche bestehen.

Zwei Streitthemen sind allgegenwärtig: der Streit um die Höhe der Bezüge tätiger Gesellschafter und der Streit um die Höhe der Ausschüttungen. So erscheinen Geschäftsführerbezüge den Nichttätigen – einem natürlichen Reflex nicht unähnlich – grundsätzlich zu hoch. Das Gehalt des geschäftsführenden Gesellschafters gilt diesen eher als erklärungsbedürftiges Extra und nicht als das, was es sein sollte, nämlich als angemessenes Äquivalent einer Managementleistung. Entsprechend empfindet der geschäftsführende Gesellschafter diese Einstellung als nicht nachvollziehbar, sichert er doch den anderen die Pfründe. Spiegelverkehrt dazu ist die Interessenlage bei den Ausschüttungen. Nichttätige bevorzugen hohe Ausschüttungen, Tätige wollen so viel wie möglich thesaurieren, um die Finanzkraft des Unternehmens zu stärken, seine Entwicklung und die eigene Position zu sichern.

Mögen diese Verhaltensmuster in der zweiten Generation zwar Gegensätze aufwerfen, aber überbrückbar erscheinen, so ändert sich das Bild in der folgenden. Dort wird die emotionale Bindung der Kinder nichttätiger Gesellschafter an das

Unternehmen nochmals reduziert sein. Diese werden noch stärker als Kapitalanleger denken. Sie werden kühl abwägen, ob die Verzinsung auf das eingesetzte Kapital stimmt. Für tätige Gesellschafter ist diese Denkweise ein rotes Tuch: „Wir sind doch hier nicht bei Siemens. Ihr seid doch nur hinterm Geld her!" Und umgekehrt wird der tätige Gesellschafter, der die Renditeerwartung der Nichttätigen verfehlt, zum Gegenstand von Personaldiskussionen. Soviel zunächst zu den Klassikern des Konfliktes. Sie sind aber nur ein Segment des Bedrohungspotenzials, dem eine Unternehmerfamilie gegenübersteht. Das Gespenst der Entfremdung hat viele Gesichter.

Die Einstellung fehlt 3

Auf dem Weg vom Familienunternehmen zur Unternehmerfamilie liegen noch weitere Hindernisse. Dieser Weg ist nicht nur lang, er ist zudem ein Prozess permanenten Wandels. Das Unternehmen muss sich veränderten Rahmenbedingungen anpassen, um dauerhaft erfolgreich sein zu können – und auch der Familie bleibt das nicht erspart.

Dass sich das Unternehmen beständig veränderten Rahmenbedingungen anpassen muss – da wird jeder Unternehmer zustimmen. Ein Unternehmen mit 50 Angestellten hat eine andere Struktur als eines mit 500. Aber auch die Familie, die zur starken Unternehmerfamilie werden will, muss ihre Strukturen anpassen. Nur ist diese Tatsache in den Köpfen der Beteiligten viel weniger präsent. Hier dominiert die Naturwüchsigkeit des Systems Familie. Sie ist ein Selbstläufer, irgendwie wächst und gedeiht alles von selbst. Natürlich wird auch in der Familie Einfluss genommen und gehandelt. Aber oft fehlt die Einstellung, in größeren Zusammenhängen zu denken, Möglichkeiten und Grenzen des Miteinanders realistisch zu bewerten. Mangelnder Realismus ist ein Einfallstor für die Entfremdung. Denn das emotional bestimmte Verhältnis in der Familie neigt dazu, eine ganz eigene Sicht auf die Welt zu erzeugen. Sie ist bestimmt von Tabus, Mythen und Denkverboten, von vermeintlichen Selbstverständlichkeiten – gerne wird die Einigkeit der Geschwister oder die Fähigkeit der Familie zum Ausgleich von Gegensätzen beschworen. Dagegen ist nicht viel zu sagen, gäbe es nicht die vertrackte Allianz mit dem Unternehmen. In der rationalen Welt des Unternehmens erweist sich die Halbwertzeit familiärer Mythen als außerordentlich kurz. Starke Familien lassen ihnen erst gar keinen Raum.

Überträgt ein Gründer seinen drei Kindern gemeinsam die Geschäftsführung, machen sich meist weder er noch die Geschwister klar, was es heißt, ein

Unternehmen gemeinsam zu führen. Wie viele Auseinandersetzungen, wie viel Abstimmung, wie viel Kraft das kostet. Die familiären Selbstverständlichkeiten erzeugen Erwartungen, denen ein fehlendes Problembewusstsein korrespondiert. Erhebt dann die Wirklichkeit in Gestalt der Sachzwänge ihr grässliches Haupt, ist die Enttäuschung groß und ein erster Schritt zur Entfremdung getan. Tabus und Denkverbote sind keine günstigen Voraussetzungen, die Einstellung zu entwickeln, die jede Generation braucht, um ihre eigene Situation in den Griff zu bekommen und es der nächsten Generation nicht schwerer als nötig zu machen. Welche Form von Einstellung in den einzelnen Generationen fehlt und wozu das führt, werden wir jetzt unter die Lupe nehmen. Zuvor aber muss noch mit einem besonders populären Gemeinplatz aufgeräumt werden.

Fehlanzeige: das Buddenbrooks-Syndrom

In einem der erfolgreichsten deutschsprachigen Romane des zwanzigsten Jahrhunderts, den *Buddenbrooks,* entwirft Thomas Mann das Panorama einer Familiendynastie. Von den Höhen geschäftlichen Erfolgs und gesellschaftlichen Ansehens einer Lübecker Kaufmannsfamilie hinab bis zur Auflösung in der letzten Generation liegt dem Roman ein eingängiges Deutungsmuster zugrunde: eine Dekadenz-Theorie, eine Theorie des Zerfalls. Der Vater erstellt's, der Sohn erhält's, dem Enkel zerfällt's – das weiß nicht nur der Volksmund, sondern die Statistik bestätigt vordergründig diese Einschätzung. Familienunternehmen erweisen sich, wir sagten es bereits, als erstaunlich kurzlebig. Lediglich 30 % schaffen den Übergang von der Gründer- auf die zweite Generation, und nur 10 % den von der zweiten auf die dritte, nach anderen Zahlen sind es noch weniger. Bei der Ursachenforschung drängt sich dem Betrachter zunächst eine Art Buddenbrooks-Syndrom oder Epigonen-Psychose auf: Erben verdirbt anscheinend den Charakter, irgendwie wirkt es disqualifizierend. Ein Blick in die Yellow Press bestätigt diese Sicht der Dinge. Danach ist die Welt voll von arbeitsscheuen und dem Partyleben zugeneigten Unternehmerkindern, die lediglich wissen, wie man Geld ausgibt, aber nicht, wie es verdient wird. Das plausibilisiert prima vista das Buddenbrooks-Syndrom, wonach die folgende Generation stets hinter der Kraft und Originalität des Gründers zurückbleiben wird. Der Erbe darf bereits dann als erfolgreich gelten, wenn er das Niveau halten kann.

Diese Dekadenz-Theorie ist, so schlagend sie auch erscheinen mag, natürlich Unsinn. Hier und da mag sie zutreffen, aber grundsätzlich bringen deutsche Unternehmerfamilien tüchtigen Nachwuchs hervor. Die Kraft der Gene wirkt im Gegenteil positiv. So stammt etwa ein Fünftel der deutschen Spitzenmanager aus

Unternehmerfamilien; gemessen am Bevölkerungsdurchschnitt sind sie in dieser Berufsgruppe deutlich überrepräsentiert. Keine Frage, das Potenzial ist da – und nicht nur in der Spitze, sondern in der Breite. Warum aber gelingt es Unternehmerfamilien so häufig nicht, das Potenzial auch zur Geltung zu bringen? An den fehlenden unternehmerischen Qualitäten der Erben kann die Kurzlebigkeit von Familienunternehmen kaum liegen.

Die wahren Ursachen

Es liegt an etwas anderem – Tabus und Denkverbote verhindern die Entwicklung der richtigen Einstellung. Einer Einstellung, die imstande ist, das gemeinsame Interesse zu stärken und Strukturen zu schaffen, die das Verhältnis von Familie und Unternehmen sinnvoll regeln. Eben das zeichnet eine starke Unternehmerfamilie aus. Dazu muss jede Generation ihre spezifische Einstellung entwickeln. Der Gründer muss sich von der Devise: *Schau nach vorne!* leiten lassen. Für die zweite Generation der Geschwistergesellschaft lautet das Motto: *Werdet ein Team!* Und für die Cousins und Cousinen der dritten Generation gilt: *Haltet die Familie zusammen!* Diese Einstellungsmuster unterscheiden starke von schwachen Familien.

Was so trivial und gemessen an den harten Fakten unternehmerischer Herausforderungen nebensächlich klingt, ist die Voraussetzung für die wirksame Bekämpfung der Entfremdung in Familienunternehmen. Warum diese Einstellungsmuster jenseits der Gründergeneration immer wichtiger werden, hat einen schlichten Grund. Nur der Gründer hat das Eigentums- und Entscheidungsmonopol, nur er ist souverän. Nach ihm verteilen sich seine Rechte auf mehrere Köpfe. Diese Rechtspositionen bedeuten Teilhabe an Entscheidungen und damit Macht. Machtkonflikte führen zu Blockaden, die nur *miteinander* vermieden oder überwunden werden können. Nur wenn jede Generation das sieht und ihre Aufgabe entsprechend annimmt und löst, ist das Miteinander auf Dauer möglich. Vieles erweist sich zu diesem Zweck als hilfreich: die Vereinbarung von Ehe- und Erbverträgen, von Erbverzichtsregelungen, die Anpassung von Gesellschaftsverträgen, der Abschluss von Pool- und Holdingverträgen. Strategisch reichen diese Regeln jedoch allein nicht aus, das gemeinsame Interesse in einer Weise zu stärken, dass es die richtige Einstellung hervorbringt.

Keine Weitsicht

Der Gründer verkörpert das Unternehmertum schlechthin. In seiner Person bündeln sich alle Attribute des freien und selbstständigen Menschen, der seine Chance sucht, Herausforderungen annimmt, Umsicht beweist und sich in einem ungewöhnlichen Maß selbst verwirklicht. Der Unternehmer ist ein Instinktmensch. Stets geistesgegenwärtig und zielorientiert verbindet er Energie und Tatkraft mit Entschlussfreude, Mut und Beharrlichkeit. Der Freude am Gestalten entspricht die Bereitschaft zum Verzicht sowohl in materieller wie in familiärer Hinsicht. „In den Ferien habe ich meine Frau mit den Kindern an die See gebracht und bin Samstag, Sonntag zu Besuch gekommen", solche Feststellungen stehen für das Selbstverständnis eines Gründers. Was der Unternehmer will, passiert auch. Er ist kein Bedenkenträger. Er ist ein Mann einsamer Entschlüsse und hat alles unter Kontrolle.

Diese Fähigkeiten sind unbestreitbar Stärken, die im Unternehmen voll zum Tragen kommen. Und da bekanntlich jeder das gerne tut, was er gut kann, wird erklärlich, weshalb der Unternehmer dem Verhältnis von Familie und Unternehmen so viel weniger Aufmerksamkeit schenkt als dem Unternehmen selbst. Zu viel Unkalkulierbares schwingt hier mit, zu viele Gefühle, zu viele Empfindlichkeiten – nicht zuletzt auch seine eigenen. Während er im Unternehmen alles unter Kontrolle hat, ist das für die Familie nicht ganz so klar.

Der Holsteiner Unternehmer Georg Grawe, 67 Jahre alt, Gründer einer erfolgreichen Handelskette, hat drei Kinder. Georg Grawe ist viel unterwegs und hatte wenig Zeit, sich um die Familie zu kümmern. In einer ruhigen Minute geht er in sich und beschließt, sein Haus zu bestellen. In Absprache mit dem Notar errichtet er folgendes Testament: Der von ihm zum Nachfolger bestimmte Sohn Georg jun. erhält 40, die beiden Töchter jeweils 30 % am Unternehmen. Die Ehefrau bekommt die private Villa und das Ferienhaus in Dänemark. Anlässlich des Weihnachtsfests präsentiert er der staunenden Familie seinen letzten Willen. Die Reaktionen fallen ganz anders aus, als der Senior sich das vorgestellt hat.

Seinen Ältesten, Georg jun., Jurist in spe, erwischt er auf dem falschen Fuß. Ihm ist während des Referendariats klar geworden, als Steuerjurist in der Finanzverwaltung besser aufgehoben zu sein. Den Verzicht auf die Nachfolge hat er seinem Vater bislang aus Furcht vor dem unausweichlichen Donnerwetter verheimlicht. Die Töchter fühlen sich wie immer benachteiligt. Frau Grawe ist einigermaßen fassungslos und fragt, wovon sie leben und wie sie die Häuser unterhalten soll, wenn ihr Mann die Augen zumacht. Georg Grawe findet diese Bemerkung geschmacklos und kocht vor Wut über die misslungene Überraschung zum Fest. In das Testament sei doch nichts hineingekommen, was nicht allen vorher klar

gewesen ist. Und außerdem: Er habe schließlich mit gar nichts in der Tasche angefangen, und zu weitergehenden Diskussionen sei er nicht bereit.
Der deutsche Unternehmer ist der typische Autokrat. Und gerade in Erbangelegenheiten redet ihm schon gar keiner hinein, das ist seine Domäne. Aber einsame Entschlüsse haben ihre Eigenarten. Bei Grawes stellt sich heraus, dass keiner von dem anderen weiß, was er wirklich will. Der Vater redet nicht mit dem Sohn, der Sohn nicht mit dem Vater, die Geschwister nicht miteinander, und die Mutter hat sich immer aus allem herausgehalten. Nichts ist klar: Die Lebenspläne der Beteiligten sind nicht klar, das zukünftige Verhältnis der Familie zum Unternehmen ist nicht klar, die Führungsnachfolge ist nicht klar, die Altersversorgung des Unternehmers und seiner Frau ist nicht klar. Folglich ist außer Georg Grawe niemandem das Testament klar.

Hinsichtlich strategischer Fragen im Verhältnis Familie und Unternehmen ist die deutsche Unternehmerfamilie eine kommunikationsfreie Zone. Dem Vater steht oft genug sein Alleinentscheider-Naturell im Weg. Er weiß, wie die Zukunft des Unternehmens aussehen soll. Und worüber soll er mit wem reden? Einer kommt immer schneller zum Ende als viele, und im Unternehmen beweist er täglich, dass er weiß, was richtig ist. In der Planung der zukünftigen Beziehung der Familie zum Unternehmen aber muss der Unternehmer weg von der Vorstellung, es alleine machen zu können und zu müssen. Nur dann schaut er nach vorne.

Hinzu kommt ein Weiteres. Die Allgegenwart des Unternehmens im Familienleben erzeugt Gewohnheiten und scheinbare Plausibilitäten – eben das, was Georg Grawe für vermeintlich klar hält. Die Situation ist paradox. Ein Familienunternehmen beherrscht das familiäre Leben. Ihm kommt die Rolle eines wichtigen und bedeutenden Familienmitglieds zu. Es sitzt buchstäblich jeden Tag mit am Tisch, aber eher in der Rolle des steinernen Gastes, der sein Recht fordert. Nur wie dieser Gast zu den Familienmitgliedern jetzt und in Zukunft steht, ist mitnichten immer und allen klar. Um diese Klarheit zu gewinnen, braucht die Familie das offene Gespräch. Der vorausschauende Unternehmer muss es in Gang setzen. Er wird das wahrscheinlich nicht mögen, und die Wirklichkeit bestätigt dies. Mehr als die Hälfte der deutschen Unternehmer haben nicht einmal ein Testament gemacht. Aber auch das einsame Testament nutzt nichts. Wenn der Unternehmer das strategische Ziel verfolgt, das Unternehmen als Familienunternehmen zu erhalten, kommt er nicht daran vorbei, diejenigen einzubeziehen, die dieses Ziel über seinen Tod hinaus verwirklichen sollen.

Diese Aufgabe kann dem Gründer keiner abnehmen. Nur er ist dazu legitimiert, weil das Unternehmen sein Lebenswerk ist. Und niemals wieder wird die Planung so einfach sein wie in der ersten Generation. Er muss die Chance nutzen, das Schwierige zu planen, solange es noch einfach ist. Die steigende Lebenserwartung, der gute Gesundheitszustand aber lässt manchen Senior den richtigen Zeitpunkt regelrecht vergessen – bis es nicht mehr nur um die Generation der Kinder mit den üblichen Gegensätzen zwischen Alt und Jung geht, sondern auch die der Enkel, deren Lebenswelt und Vorstellungen einem betagten Menschen fremd bis völlig unverständlich bleiben. Dann ist das Schwierige nicht mehr einfach, die Wahrscheinlichkeit eines holperigen Übergangs sehr viel höher. Wenn er es nicht rechtzeitig anpackt, wenn er nicht nach vorne schaut, dann belastet er die zukünftigen Generationen mit dieser Hypothek. Wenn er kein oder ein einsames Testament macht, versäumt er den ersten Schritt vom Familienunternehmen zur starken Unternehmerfamilie. Und er vergibt eine Chance, wenn er das Testament nicht als Unternehmer, sondern nur als Vater macht. Gleichverteilung ist natürlich möglich. Der Gründer muss aber wissen, wie anspruchsvoll diese Option ist. Will er die zweite Generation stark machen, tut er gut daran, der Geschwistergesellschaft zu einem stabilen Korsett von Regeln zu verhelfen – eben Strukturen zu schaffen: Gute Entscheidungen sind das Kapital des Unternehmers.

Kein Teamgeist

Die *Geschwistergesellschaft* ist also der Regelfall, der durch Erbgang entsteht – und nicht die Thronfolge, wie man vielleicht vermuten könnte. Der Vater und nicht der Unternehmer verteilt das Erbe. Unfreiwillig setzt er damit für die Zukunft das Prinzip außer Kraft, das ihn als Unternehmer stark gemacht hat, nämlich alleine zu entscheiden. Die Gleichverteilung bedeutet nicht nur Zersplitterung des Erbes, sondern auch des Entscheidungsmonopols. Führung und Beteiligung fallen erstmals auseinander. Das schafft eine völlig neue Situation. Je größer die Anzahl der Geschwister ist, desto komplexer werden die Verhältnisse. Das Vorbild des Vaters als Alleinentscheider taugt nicht für ein Team. Der Zwang zur Abstimmung ist unausweichlich. Der Entscheidungsprozess erfordert Zustimmung mit Mehrheit oder Einheit. Daraus folgt: Die Geschwistergesellschaft ist zur Kooperation verdammt. So selbstverständlich das ist, so wenig ist es in den Köpfen: Das Vorbild des Vaters dominiert nach wie vor. Die Gesellschafter müssen aber ein Team werden oder sie werden scheitern. Denn die Geschwisterkonstellation ist nicht ohne weiteres aufzulösen. Funktioniert die Zusammenarbeit nicht, bleibt oft nur der Verkauf. Denn der Erhalt des Unternehmens durch Herauskauf einzelner Geschwister kostet richtig Geld und liegt zumeist jenseits des Finanzierbaren. Auch das ist ein gewichtiger Aspekt, dem der Gründer bei der Zukunftsplanung Aufmerksamkeit schenken sollte.

Die Komplexität der Beziehungen steigt nicht allein durch die Zahl der Akteure. Weiter erhöht wird sie durch die Verschmelzung der Sphären von Familie und Unternehmen in der Geschwistergesellschaft. Geht es um Entscheidungen, sitzen einander nicht nur der Bruder als Gesellschafter und Geschäftsführer, sondern auch die Schwester in den gleichen Funktionen gegenüber. Konnte der Gründer Unternehmen und Familie noch sauber trennen, so ist das in der Geschwistergesellschaft nicht mehr möglich. Die Voraussetzungen für ein funktionierendes Team sind ebenso günstig wie prekär. Blutsbande und die gemeinsame Geschichte können wie die emotionale Bindung an das Unternehmen für den Zusammenhalt von Vorteil sein. Tatsächlich aber dürfte die Zahl der kritischen Faktoren überwiegen. Das fängt an mit der Neigung, das Vorbild des starken Vaters nachzuahmen. Das Gleiche gilt für den hemdsärmeligen Umgang mit Problemen, der Abstimmung entbehrlich scheinen lässt und die durch keine Autorität gebändigte Rivalität um Macht und Geld. Es gibt also zahlreiche Anlässe und Gelegenheiten, sich vom Zwischenmenschlichen hinabziehen zu lassen. Und noch aus einem anderen Grund ist es für Geschwister schwierig, die richtige Einstellung zu entwickeln: Keinem ist klar, was es überhaupt bedeutet, ein Team zu werden.

Der energische Unternehmersohn Martin Menzel setzt sich nach dem Tod des Gründers mit seinen drei Geschwistern zusammen, da ein Testament des Vaters fehlt. Martin Menzel ist unstreitig und auch von seinen Geschwistern anerkannt ein durchsetzungsstarker Macher. Er ist der einzige, der ernsthaft für die Rolle des Firmenchefs infrage kommt. Martin Menzel ist sich seiner zupackenden und selbstgewissen, oft auch ruppigen Art bewusst. Seinen Geschwistern unterbreitet er folgenden Vorschlag: „Ich bin bereit, den Firmenchef zu machen, aber nur, wenn ihr das wollt und wenn ihr euch als Gesellschafter imstande seht, mich und meine Art zu ertragen. Eine Team-Geschäftsführung lehne ich ab, egal in welcher Konstellation. Wenn ihr damit nicht klarkommt, schlage ich zwei Alternativen vor: Entweder eine Fremdgeschäftsführer-Lösung mit uns als nichttätigen Gesellschaftern, oder ihr zahlt mich aus und könnt dann machen, was ihr wollt." Der Vorschlag stößt im Grundsatz auf Zustimmung. Die Geschwister erbitten sich eine Woche Bedenkzeit.

In diesem Beispiel ist vieles von dem angelegt, was ein Geschwisterteam sein kann. Aber zunächst einmal: In der Wirklichkeit wäre es wohl anders gelaufen. Martin Menzel hätte auf das klärende Gespräch mit seinen Geschwistern verzichtet. Und mit Sicherheit hätte er sich im Kampf um die Unternehmensführung durchgesetzt. Der Ausbruch von Unstimmigkeiten wäre nur eine Frage der Zeit gewesen. Anders hier: So undiplomatisch Martin Menzel seinen Anspruch auch formuliert – dadurch dass er auf klare Alternativen abzielt, die von allen Beteiligten in freier Entscheidung verbindlich gemacht werden können, handeln die Beteiligten als Team. Team bedeutet also nicht, dass alle das gleiche dürfen oder

Basisdemokratie hinsichtlich aller Fragen herrscht. Die Geschwister mögen mit dem Gedanken einer Alleingeschäftsführung durch ihren Bruder nicht glücklich sein, aber wenn sie zustande kommt, geschieht sie nicht ungefragt. Umgekehrt weiß Martin Menzel um die Abhängigkeit von seinen Geschwistern, und er sucht um Legitimation nach. Damit ist der Gleichheit der Geschwister als Gesellschafter genüge getan. Gleich sind die Geschwister in Hinblick auf ihre Machtposition qua Gesellschafteranteil. Die Macht zur Führung des operativen Geschäftes ist damit stets abgeleitete und beauftragte Macht. Derjenige, der sie in die Hände gelegt bekommt, ist auf Legitimation angewiesen. Und er tut gut daran, sich dessen bewusst zu sein. Von seiner Persönlichkeit her ist Martin Menzel das Ebenbild des Vaters. Aber eines hat er gelernt und verstanden, er ist es nicht aus alleiniger Machtvollkommenheit. Im täglichen Leben hat diese Einstellung Seltenheitswert.

Für die Geschwister gilt also der Imperativ: *Werdet ein Team!* In der Geschwistergesellschaft heißt Team werden, Legitimation und Handlungsfähigkeit herzustellen. Das macht sie zur starken Unternehmerfamilie. Es geht nicht um die beste Lösung, mit der alle Beteiligten maximal glücklich sind oder sich maximal selbst verwirklichen können, sondern um die beste Lösung nach Maßgabe der Umstände. Die erfolgreiche Bewältigung dieser Umstrukturierung der Entscheidungsprozesse setzt für alle – auch die nichttätigen Gesellschafter – eine entsprechende Einstellung voraus. Nur dann können sie gestalten und eine eigenständige unternehmerische Leistung erbringen. Das zu tun, ist die originäre Aufgabe der Geschwistergesellschaft. Allerdings tut auch die Geschwistergesellschaft gut daran, nach vorne zu schauen und ihr Handeln an den Konsequenzen für die kommende Generation auszurichten.

Kein Zusammenhalt

Kommen wir zur dritten Generation. Sie wird üblicherweise Vetternkonsortium genannt. Im Regelfall sind es aber nicht nur die Vettern, die diese Generation bestimmen. Bedingt durch generationsbedingte Verschiebungen können auch Eltern, Onkel und Tanten eine entscheidende Rolle spielen. Unter diesen Bedingungen ist sogar davon abzuraten, sie als homogene Generation zu denken, weil statt einer Interessenkongruenz eine Interessenkonkurrenz in und zwischen den Generationen herrscht. Aus diesem Grund und weil ihre Probleme den Problemen der folgenden weitgehend entsprechen, wird hier für die dritte und alle nachfolgenden Generationen einer Unternehmerfamilie der Begriff *Familiendynastie* verwendet. Dieser Begriff suggeriert freilich eine Stabilität, die faktisch nicht vorhanden ist. Unternehmerfamilien ab der dritten Generation sind fragile Gemeinschaften. Auch bei der geringen Zahl der Familienunternehmen, die es bis dahin schaffen, besteht die Gefahr des Scheiterns. Die Zersplitterung der Anteile, die Bildung von Familienstämmen, die wachsende Distanz der Familienmitglieder zueinander, die schiere Zahl der Beteiligten, die bereits erwähnten Altersunterschiede, die Auflösung der emotionalen Bindung an Familie und Unternehmen begünstigt nicht gerade die Einstellung, die eine starke Unternehmerfamilie braucht, um das Unternehmen zu sichern – *Haltet die Familie zusammen!* Die dritte Generation muss sich massiv mit der Entfremdung auseinandersetzen. Hier entwickeln die zentrifugalen Kräfte, die eine Familie trennen, eine neue Qualität. Sie unter Kontrolle zu bringen, ist für sich genommen bereits eine große Herausforderung. Damit aber nicht genug: Hinzu addieren sich die Versäumnisse der Vorgängergenerationen. Und diese Altlasten wirken potenzierend.

Die am Bodensee ansässige Köttgen GmbH mit den Gesellschaftern Karl jun., Kuno und Katharina Köttgen ist ein florierendes Unternehmen der Mess- und Regeltechnik mit 800 Mitarbeitern, das vor dem Übergang in die dritte Generation steht. Der Gründer, Karl Köttgen sen., hatte seinen Kindern das Unternehmen zu gleichen Teilen vermacht. Die Geschwister sind gleichberechtigt in die Geschäftsführung gerückt. Tatsächlich hat Katharina als Mutter von vier Kindern diese Tätigkeit aber nie ausgeübt. Das Verhältnis zu den Brüdern ist getrübt, da sie keine Diskussionen über ihren formalen Status und ihre Bezüge geduldet hat. Die seit jeher bestehende Abneigung gegen die Schwester hat vorhandene Konflikte zwischen den Brüdern lange Zeit nicht ausbrechen lassen. Seit Karl jun. unter Hinweis auf seine dominierende Rolle beim Ausbau des Unternehmens die Führung in der dritten Generation für seine beiden Söhne beansprucht, ist das Tischtuch auch zwischen den Brüdern zerschnitten. Sie kommunizieren nur noch über den Prokuristen miteinander. Von den insgesamt zehn Kindern der drei Geschwister halten bereits acht Anteile an der Gesellschaft. Kunos Kinder aus zweiter Ehe sind noch minderjährig. Von den acht Juniorgesellschaftern reklamieren sieben für sich eine führende Rolle im Unternehmen. Auf der Gesellschafterversammlung, seit Jahren die einzige Gelegenheit, bei der sich das Gros der Familie trifft, kommt das Thema Unternehmernachfolge auf die Tagesordnung, da beide Brüder Amtsmüdigkeit zeigen. Zwischen den Stämmen geht es hoch her. Als der älteste Sohn Katharinas den Führungsanspruch des Stammes mit Hinweis auf seine sechs Jahre bei McKinsey untermauern will, kommt es zu einem regelrechten Tumult: „Das könnte euch so passen! Ihr wart immer schon Quertreiber! Ihr habt uns immer nur Geld gekostet!"

Hier gilt in Umkehrung des bekannten Sprichwortes, was Hans nicht gelernt hat, lernt Hänschen nimmermehr. Es wird deutlich, was passiert, wenn die erste und die zweite Generation es versäumt haben, die richtige Einstellung zu entwickeln. Karl Köttgen sen. hat geflissentlich übersehen, in welchem Maß das

Verhältnis seiner drei Kinder belastet war und sie trotzdem zu gleichen Teilen bedacht. Zu seinen Aufgaben hätte es gehört, nach vorne zu schauen und ein langfristig tragfähiges Nachfolgekonzept auf den Weg zu bringen. Das hätte wenigstens erfordert, Katharina den Einzug in die Geschäftsführung zu versagen. Auch die zweite Generation hat keine adäquate Einstellung entwickelt. Sie ist nicht zum Team geworden. Die Maximierung eigener Positionen rangiert im Zweifelsfall an erster Stelle. Bei den Geschwistern bestand keine Bereitschaft zu echter Kooperation. Damit haben sie der dritten Generation einen Bärendienst geleistet. Weder sind sie Team geworden, noch haben sie nach vorne geschaut. Die Chancen für die dritte Generation stehen schlecht, dem Familienunternehmen durch den Zusammenhalt der Familie eine zukunftsfähige Basis zu geben. Wie die Gesellschafterversammlungen oder schlimmer noch die Zusammenarbeit der dritten Generation in der Geschäftsführung der Köttgen GmbH aussehen werden, vermag man sich leicht auszumalen.

Eine größer werdende Familie gerät bei kleiner werdenden Anteilen und der durch Misstrauen angeheizten Entfremdung in eine Sackgasse. Die Aussicht, in dieser Atmosphäre Sachfragen lösen zu können, wird unwahrscheinlicher. In einer solchen Situation ist es sinnlos, über die Besetzung der Geschäftsführung oder die Anpassung des Gesellschaftsvertrages – kurz, über die Nachfolge im Unternehmen nachzudenken. Sachfragen können sinnvoll nur gelöst werden, wenn die Einstellung stimmt. Im Kern muss die Familie die Frage beantworten können, warum es Sinn macht, gemeinsam im Unternehmen investiert zu sein. Die schwierig zu organisierenden und zu bündelnden Interessenlagen lassen sich leichter auf eine Linie bringen, wenn alle Beteiligten einen Bezugspunkt haben – ein intaktes gemeinsames Interesse.

Eines dürfte bis hierhin klar geworden sein. Der Niedergang einer Unternehmerfamilie findet seine Ursache nicht in der nachlassenden Kraft der Generationen. Wenn sie schon an einem Mythos scheitert, dann an einem anderen. Ihre Mitglieder sind in einem Klima aufgewachsen, das von der Vorstellung: „Das werden wir alles schon regeln können, wir sind ja schließlich eine Familie", bestimmt war. Was in der Gründer- und in der Geschwistergeneration vielleicht noch möglich war, wird in der dritten Generation ziemlich sicher nicht mehr funktionieren und ein Vakuum erzeugen. Die Familie wird zunehmend an Entscheidungskraft einbüßen und die Vorstellung davon verlieren, was sie für das Unternehmen leisten kann. Alles das ist Ausdruck ihrer Schwäche – das Fehlen einer strategischen Perspektive.

Als ob die Klassiker des Konfliktes und die fehlende Einstellung der Generationen ihr eigentliches Ziel, das Familienunternehmen zu erhalten, nicht schon genug bedrohen: Es kommt noch ein dritter Faktor ins Spiel, nämlich *wie* die Familie mit diesem Bedrohungspotenzial umgeht.

Übliche Reaktionsmuster 4

Bislang haben wir die Klassiker des Konfliktes und die Einstellungsdefizite in Unternehmerfamilien untersucht. Eines ist klar: Diese Stolpersteine und Hindernisse gehören aus dem Weg geräumt. Was aber, wenn der Versuch, den Weg freizuräumen, selbst zum Problem wird? Das passiert in Unternehmerfamilien schneller als man glaubt. Diese Familien neigen nicht nur dazu, Probleme zu haben. Sie neigen auch dazu, falsch zu reagieren. Gerade der rational handelnde und entscheidende Unternehmer ist in familiären Konflikten erstaunlich hilflos. Sein gewohntes Instrumentarium versagt hier ebenso wie die bewährten Problemlöser – die Rechtsanwälte und Steuerberater.

Diese Hilflosigkeit ist Folge der Dualität von Unternehmen und Familie, von Vernunft und Gefühl. Die Dualität erzeugt ein Gemenge von vernünftigen Interessen und gefühlsbestimmten Leidenschaften. Hier versagen gerade in rationalen Entscheidungslagen bewährte Menschen. Wo Entscheidungen her müssen, aber die gewohnten Kriterien fehlen, nach denen sie herbeigeführt werden, liegt die Nichtentscheidung, das *Aussitzen* nahe. Und das Aussitzen bietet unbestreitbar Vorzüge. Wo nicht gehandelt wird, aktualisiert sich auch kein Konflikt, oder es ist zumindest schwieriger, jemandem den Schwarzen Peter des Konfliktverursachers zuzuschieben. Alle vertrauen darauf, dass der Status quo sich zum Besseren wendet und eine Lösung durch äußere Umstände von selbst eintritt: „Wir reden nicht miteinander, wir tun uns aber – zumindest im Moment – auch nicht weh." Die Familie lässt die Dinge treiben, sie ist nicht mehr Herr der Verhältnisse. Damit lässt sich lange und verhältnismäßig gut leben. „Kinder – haltet Frieden, haltet Frieden", dieser Stoßseufzer so manchen Seniors hat die Beteiligten auf eine Strategie des Durchwurstelns und Durchhaltens festgelegt.

Denn wenn gehandelt wird, so dominiert im Konflikt das Eigeninteresse. Das ruft entsprechende Reaktionen der Gegenseite hervor. Und damit ist der Katastrophenfall im Familienunternehmen eingetreten: Krieg in der Familie, im schlimmsten Fall der *Krieg aller gegen alle*. Ein Teil oder alle Beteiligten betreiben die Durchsetzung ihrer Interessen um jeden Preis. Die Maximierung der eigenen Position regiert das Handeln, gegebenenfalls durch Koalition mit anderen.

Was für einen Außenstehenden kaum begreiflich und schlechterdings nicht nachvollziehbar bleibt, ist die Verengung der Perspektive. Die Kombattanten entwickeln einen regelrechten Tunnelblick: Unternehmerfamilien im Konflikt erscheinen die beiden Möglichkeiten Krieg oder Aussitzen in Gestalt erzwungenen Friedens als einzige Handlungsoptionen. Ihre Neigung zur Betriebsblindheit zeigt sich auch hier. Statt den Blick auf die wahren Ursachen zu richten, wird personalisiert. So bekommt der Konflikt Gesichter, und das lässt ihn wie zementiert erscheinen: „Solange die nicht weggestorben sind, kriegen wir den Gesellschaftsvertrag nie geändert." Hinter dieser Personalisierung verschwinden die Sachthemen und damit das, worüber man sich rational verständigen könnte. Leidenschaften dominieren Interessen. Davor haben alle Beteiligten Angst, und das mit Recht. Oft geht es am Ende nur um eines: Der Ausbruch offener Streitigkeiten muss um jeden Preis vermieden werden.

Um zu vermeiden, dass aus dem kalten Krieg des Aussitzens eines Tages ein heißer Krieg wird, versuchen viele Unternehmer die *Lösung qua Vertrag*. Das ist das Geschäft der Anwälte und Steuerberater. In diese Bemühungen dürften schon viele Millionen und unendlicher Sachverstand geflossen sein: Allein – genutzt hat es selten. Dabei ist der Ansatz durchaus richtig. Vor allem beruhigt er die Nerven. Schließlich tut man etwas, um die Krise zu überwinden. Die Sache hat nur einen Haken. Pacta sunt servanda – Verträge müssen gehalten werden – das wussten schon die Römer. Aber wie sollen Verträge gehalten werden, die nicht von allen Beteiligten wirklich gewollt sind? Üblicherweise geht die Initiative vom Senior aus, der die Risiken sieht und um die Unzulänglichkeiten der Beteiligten weiß. Aber so löblich das Motiv einer solchen Intervention auch sein mag, wird die Wirkung von Verträgen überschätzt. Zu oft geschieht die Zustimmung auf Druck oder dem Vater zu Gefallen. Ein weiterer Punkt betrifft aus Sicht der Familienstrategie den begrenzten Kreis der Adressaten: Denn es ist natürlich gut und richtig, die Dinge ordnen zu wollen, nur sind die Gesellschafter nicht die gesamte Familie. An Konfliktlinien wie beispielsweise Geschwisterrivalitäten vermögen sie nichts zu ändern. Solche Verträge sind – man muss es leider sagen – keine Lösungen, sondern lediglich *Scheinaktivitäten*.

Nehmen wir die drei typischen Reaktionsmuster – das Aussitzen, den Krieg aller gegen alle und die vermeintliche Lösung des Konfliktes qua Vertrag – noch einmal näher unter die Lupe.

Aussitzen

Probleme auszusitzen, das weiß jeder Unternehmer, ist hochgradig gefährlich und führt zu nichts. Außerdem ist es für einen Unternehmer geradezu mentalitätswidrig. Und doch ist das Aussitzen von Problemen im Verhältnis von Familie und Unternehmen der Regelfall. Es hält die möglichen Konflikte in Grenzen und schreibt die bestehenden Kräfteverhältnisse fort. Dadurch wird das Nichthandeln plausibel. Es garantiert eine vielleicht unerfreuliche, aber doch vertraute Kontinuität. Gerade in einer Zeit, in der die Dynamik des technischen und sozialen Wandels alles Gewohnte bedrängt, hat ein eher passives, die Unverfügbarkeit der Welt unterstellendes Verhalten einiges für sich. Nicht jeder liebt das zum Handeln gehörende Risiko, sondern wartet lieber zu, was die Zeitläufte mit sich bringen. Nichthandeln wirkt ferner dadurch entlastend, dass alle Optionen offengehalten werden und die Konsequenzen eigenen Handelns nicht getragen werden müssen. Das wiederum befeuert das Prinzip Hoffnung: Die Tochter glaubt weiterhin an die Nachfolge, der Vater an die kollegiale Geschäftsführung, die Tante, dass ihr Stamm diesmal zum Zug kommt. Die Bedeutung des Prinzips Hoffnung kann kaum überschätzt werden, und im Windschatten des Nichthandelns gedeiht dieses Pflänzchen prächtig. Solange alles in der Schwebe, solange die eindeutige Entscheidung noch nicht in der Welt ist, erscheint den Beteiligten alles möglich. Zudem ist das Nichthandeln dem Handeln zumindest scheinbar überlegen, solange keine Situationen auftreten, die zur Aktion zwingen. Solche Zwangslagen können, vom Tod des Firmenchefs einmal abgesehen, Ertragseinbrüche oder andere externe Faktoren sein, die die Firmenstrategie fundamental berühren.

Das Aussitzen verlagert also Probleme, gelöst werden sie nicht. Die Struktur des Konfliktes bleibt, wie sie ist. Und der Preis für das Aussitzen ist hoch, unverhältnismäßig hoch. Nicht nur das Empfinden dieser offenkundigen Schwäche wirkt belastend, auch der emotionale Druck für die Beteiligten wächst. Der Frust, der Ärger, der Zorn, die Enttäuschung bauen sich zu einem Risikopotenzial auf, und damit droht die Gefahr eines unsteuerbaren Konfliktes. Oder es kommt zu wechselseitigen Schuldzuweisungen, wobei jeder dem anderen Blockade vorwirft. Das Gefühl der Ohnmacht, des Ausgeliefertseins steigt: „Alles wird vertagt, alles wird verschoben. Mich mit meinem Hund zu unterhalten, bringt mehr." Bei wichtigen Regelungen für die Zukunft, etwa bei der Nachfolgefrage, werden aus Monaten leicht Jahre. Und Notwendiges unterbleibt: so etwa, die nächste Generation im Sinne einer vernünftigen Karriereplanung sinnvoll zu positionieren. Fatal ist auch Gewöhnung der Beteiligten, Auseinandersetzungen zu vermeiden, und sich in der Sicherheit zu wähnen, Zeit zu haben. Tritt der Fall der Fälle ein, sind sie oft nicht imstande, unter Zeitdruck eine Lösung herbeizuführen. Auch dem Unternehmen sind solche Hängepartien nicht förderlich. Aussitzen kann zu einem Machtvakuum führen. Im Unternehmen führt die Blockierung der Kräfte zu taktischen und strategischen Defiziten. Der Verlust der Handlungsfähigkeit durch die Familie kann das Machtzentrum im Unternehmen verschieben. Was die Familie nicht leisten kann, wird von anderen ausgefüllt. Schon manche Unternehmerfamilie hat ihren Einfluss dauerhaft an Fremdmanager und externe Beiräte verloren.

Solche Kontrollverluste werden zukünftig weiterreichende Konsequenzen haben. Es geht beileibe nicht nur um funktionierende oder nicht funktionierende Entscheidungsprozesse. Die Handlungsfähigkeit der Gesellschafter wird angesichts der sich permanent wandelnden wirtschaftlichen, rechtlichen und steuerrechtlichen Rahmenbedingungen immer wichtiger.

Krieg aller gegen alle

Ist das Aussitzen oft genug ein Schrecken ohne Ende, so verwandelt es sich unter Druck schlagartig in ein Ende mit Schrecken – den Krieg aller gegen alle. Dieser Krieg ist typischerweise ein Stellvertreterkrieg. Wenn überhaupt, geraten die Kontrahenten nur gelegentlich persönlich aneinander; etwa anlässlich einer Geschäftsführerbesprechung oder Gesellschafterversammlung. Geführt wird der Krieg von Söldnern, den Rechtsanwälten. Er ist im Gegensatz zum Aussitzen deutlich von Tatkraft und Handeln geprägt, nur in leider destruktiver Weise. Nicht das Unternehmen steht im Vordergrund, sondern die Maximierung der Positionen Einzelner oder von Gruppierungen innerhalb der Familie. Das kann eine regelrechte Lawine auslösen. Sobald ein Beteiligter damit beginnt, egoistische Interessen durchzusetzen, macht dieses Beispiel Schule und lässt das gemeinsame Interesse am Erhalt des Unternehmens in den Hintergrund treten. Wie man in den Wald hineinruft, so schallt es heraus.

Ein solcher Konflikt ähnelt einem Nullsummen-Spiel. Der Vorteil, den eine Seite gewinnt, entspricht dem Nachteil der anderen. Und sind keine positiven Vorteile zu realisieren, so erweist sich die Schwundform dieses Spiels als noch destruktiver: Jede absichtliche Schädigung der einen wird auf der anderen Seite als Vorteil begriffen. Eine fatale Wirkung kommt der Eigendynamik solcher Prozesse zu. Im Wechselspiel punktueller Erfolge und Niederlagen ist den Beteiligten bald nur noch die taktische Ebene vertraut. Der Satisfaktionsgedanke dominiert: Auge um Auge, Zahn um Zahn. Worum es irgendwann einmal strategisch ging, weiß niemand mehr so recht zu sagen – Hauptsache, man hat sein Mütchen gekühlt. Abseits sachlicher Positionen wird das Handeln der Beteiligten von Hass, Rache und Neid geprägt. Damit einher geht eine für Außenstehende schwer nachvollziehbare Infantilisierung des Konfliktes, die den Rückfall von einem nüchternen Interessenkalkül in irrationale Leidenschaften illustriert. Die Mechanismen der Affektkontrolle, die das Leben in der Neuzeit zunehmend bestimmt haben, werden außer Funktion gesetzt. Die am Konflikt Beteiligten bestätigen den Prozess der Zivilisation, den der Soziologe Norbert Elias so anschaulich beschrieb, indem sie ihn in umgekehrter Richtung durchlaufen und sich im Mittelalter wiederfinden.

Die Gewöhnung an den Konflikt erzeugt eine scheinbare Logik des eigenen wie des Handelns der Kontrahenten. Alles Handeln wird Ausdruck des Konfliktes und lässt selbst versöhnliche Gesten oder konstruktive Vorschläge als mögliche Finten erscheinen. Die vergiftete Atmosphäre in der Familie überträgt sich auf die Firma und beeinflusst das Verhalten der Mitarbeiter. Wiederum werden Entscheidungsprozesse blockiert. Und ebenso schlimm ist die Bindung wichtiger Ressourcen wie Zeit und Energie. Zudem drohen jahrelange Rechtsstreitigkeiten, die Unsummen verschlingen und das Unternehmen gefährden sowie negative Publizität, die den Ruf beschädigt.

Arbeiten wir auch hier den Kern des Konfliktes heraus. In solchen Situationen geht der Geist des Firmengründers um. Und er sorgt dafür, dass sich einer oder mehrere Gesellschafter wie Alleineigentümer gerieren. Jeder wünscht sich: einmal Gründer, einmal unumschränkter Herrscher in seinem Reich sein. Dem Geist des Gründers assistieren höchst lebendige Interessenvertreter im Diesseits: Anwälte fördern häufig absolutistische Illusionen bei ihren Mandanten. Das Zusammenspiel von Anwälten und Parteien prägt eine schiefe Sicht auf die Verhältnisse. Traditionelles anwaltliches Denken orientiert sich gewohnheitsmäßig an den Kategorien Partei und Konflikt. Dadurch unterwerfen sich die Beteiligten der vordergründigen Logik des Gewinnenmüssens. Auch wenn sich hier in den letzten Jahren sehr viel zum Besseren geändert hat, tragen Anwälte noch immer dazu bei, indem sie das Gewinnen als zugleich sinnvolles und plausibles Ziel hinstellen. Niemand stellt sich die Frage, was Gewinnen in diesem Zusammenhang überhaupt bedeuten kann. An den fundamentalen Positionen der Eigentumsverteilung ändert kein Rechtsstreit etwas. Aus seinem Eigentum, aus seiner Gesellschafterstellung kann so leicht keiner herausgeklagt werden. Veränderungen in diesem Bereich sind zwingend Resultat gegenseitiger Vereinbarungen. Gewinnen im Rahmen eines Rechtsstreits bedeutet mithin nicht mehr als ein taktisches Plus, das an der strategischen Gesamtlage nichts ändert.

Im Krieg aller gegen alle in einem Familienunternehmen kann niemand gewinnen, allenfalls Punkte sammeln. Im Klartext heißt das: Zwei Gesellschafter können sich nur im Wege von Verhandlungen einigen, ob der eine aus dem Unternehmen herausgeht und wie viel das kostet. Sonst bleibt nur die Anfechtung von Gesellschafterbeschlüssen als höchst ärgerliche und störende Aktion, die alles noch schlimmer macht. Das Gewinnenmüssen lässt die Situation im buchstäblichem Sinne ausweglos werden. Der Weg zurück ist in den meisten Fällen versperrt. Die einzigen Gewinner sind die Rechtsanwälte der zerstrittenen Parteien. Die häufige Folge ist eine enorme Vernichtung von Vermögenswerten, die sichere Folge sind ruinierte menschliche Beziehungen in der Familie.

Wir tun doch was!

Nichts liegt deshalb näher, als dieses Horrorszenario eines Krieges aller gegen alle zu verhindern. Und so mancher Senior und so manche Führungsfigur im Gesellschafterzirkel hält es für seine Pflicht, hier Initiative zu zeigen und einen Friedensvertrag herbeizuführen. Diese Initiative geht auch durchaus in Ordnung. Und Verträge müssen sein – sie schaffen den für alle Beteiligten verbindlichen Rahmen, sie weisen Rechte und Pflichten zu. Üblicherweise bringen also die Initiatoren ihre bewährten Vertrauten in Stellung – Rechtsanwälte, Notare, Steuerberater und Wirtschaftsprüfer. Der Sachverstand dieser Spezialisten verheißt eine Antwort auf jede Frage.

Zu viele Gesellschafter, zu schwerfällige Entscheidungsstrukturen? Kein Problem: Poolverträge dienen der Bündelung der Stimmen und Vereinheitlichung der Willensäußerung. Sollen alle Kinder geschäftsführend tätig sein? Auch das ist nicht weiter schwierig. Empfohlen wird die Gründung einer Holding, um sie dort in der Geschäftsführung zu installieren. Traut man den Erben nicht allzu viel zu? Hier lässt sich die Handlungs- und Entscheidungsfähigkeit über die Einrichtung eines starken kontrollierenden Beirats herstellen, der mit Externen besetzt wird und maßgebliche Rechte der Gesellschafter ausüben darf. Sollen alle Stämme in der Gesellschafterversammlung gleichermaßen Gewicht haben? Sperrminoritäten und -majoritäten für bestimmte Entscheidungen bieten sich als Lösungen an.

Alles das ist möglich und oft genug sinnvoll, es dringt allerdings nicht zum eigentlichen Kern des Problems vor: dem Warum. In der ersten Generation sind die Funktionskreise eines Familienunternehmens – Familie, Gesellschafter und Unternehmen – ganz oder weitgehend deckungsgleich. Ab der zweiten Generation ist das aber, die Thronfolge einmal beiseitegelassen, nicht mehr der Fall. Die erwähnten Lösungsversuche zielen auf die Regelungskreise Gesellschafter und/oder

Unternehmen, nicht auf die Familie und das, was dort die Ursache ist: Das Problem der Entfremdung, das es schwieriger macht, auf der Ebene der anderen Funktionskreise zu sachgerechten Entscheidungen zu kommen. Die Klassiker des Konfliktes werden sie jedenfalls nicht in den Griff bekommen und ebenso wenig die Einstellungsdefizite kompensieren. Entsprechend häufig bleiben diese Versuche bereits im Ansatz stecken. „Wir haben Aktenordner voller Vertragsentwürfe und sind in der Familie keinen Schritt weitergekommen." Der Grund für das Scheitern kundiger Spezialisten, denen man kaum mangelnde Geläufigkeit mit den Schwächen der menschlichen Natur unterstellen kann, ist leicht zu erklären. Die von ihnen formulierten Entwürfe spiegeln das Wollen eines Einzelnen oder einer Gruppe wider, aber nicht die Gesamtheit aller von den Verträgen Betroffenen. Im Zweifelsfall entsprechen sie dem Interesse des Auftraggebers, des Seniors oder eines Stammes. Solche Verträge werden unter der Bedingung unvollständiger Information formuliert, und von daher ist es kein Wunder, dass die Verträge nicht besser sind als die Informationen, auf denen sie fußen. Mit solchen Vorschlägen werden sich einzelne Betroffene zwangsläufig nicht einverstanden erklären können; einfach schon deshalb, weil ihre Interessen keine Berücksichtigung finden. Dahinter muss kein böser Wille stehen. Häufig ist es nur Ausdruck patriarchalischer Fürsorge oder die Annahme, dem Initiator seien die Beweggründe der anderen ohnehin geläufig oder bestimmte Dinge immer schon klar gewesen. Doch dann stellt sich heraus, dass die patriarchalische Fürsorge nicht gewünscht wird, die Beweggründe ganz andere sind und das vermeintlich immer schon Klare überhaupt nicht klar ist. Ein Vertrag kann noch so exzellent ausgearbeitet sein, er kann trotzdem nicht als Dokument einer kollektiven Willensäußerung dienen und verpflichtend wirken, wenn er die individuellen und gemeinsamen Präferenzen nicht zutreffend wiedergibt und versöhnt. Ein unzufriedener Gesellschafter kommt mit einem findigen Juristen aus jedem Vertrag heraus. Oder er kann als störender Gesellschafter den anderen das Leben zur Hölle machen und den Geschäftsbetrieb massiv stören.

Am Anfang sollte nicht der Vertrag stehen, sondern die Verständigung auf das gemeinsame Interesse. Der Vertrag selbst stellt keine Einigkeit her, er muss das Ergebnis von Einigkeit sein. Diese muss über das gemeinsam Gewollte hergestellt und auf dieser Grundlage der Vertrag formuliert werden. Nur dann tut eine Unternehmerfamilie wirklich etwas, nur dann beweist sie Stärke.

Es ist ein Irrtum zu glauben, die Aufforderung eines Gesellschafters an den Hausjuristen, „Machen Sie uns mal einen Vertragsentwurf", spare Zeit. Dieses Verhalten reproduziert die Gepflogenheiten des Gründers, der das seinem Hausjuristen ohne weiteres sagen konnte und zu Recht darauf vertrauen durfte, dass dieser Entwurf seinen Intentionen entsprach. Je größer der Kreis der Gesellschafter aber ist, desto weniger ist dieses Verhalten angemessen. Desto wahrscheinlicher ist es, dass der von einem initiierte Entwurf von den anderen als Oktroi empfunden und abgelehnt wird. So erweisen sich die vermeintlich rationalen Motive des Initiators, also Vereinfachung und Beschleunigung des Entscheidungsprozesses, als unzutreffend und kontraproduktiv. Tatsächlich ignorieren sie die Lage, vergeuden Zeit und Kosten außerdem noch viel Geld. Bei vertraglichen Regelungen mit einer Vielzahl von Beteiligten ist die Klärung des gemeinsamen Interesses die angemessenste und letztlich ökonomischste Variante.

Wie soll die Frage nach der richtigen Rechtsform, nach dem Erhalt des Unternehmens in der Familie oder der Öffnung für Dritte entschieden werden, wenn die Familie nicht vorab Zielvorstellungen formuliert? Wie soll beantwortet werden können, wer beteiligt sein darf, wer führen darf, wenn nicht die Rollenverteilung in der Familie klar ist? Wie sollen Regeln über die Höhe der Ausschüttung in einem Gesellschaftsvertrag vereinbart werden, wenn nicht die grundsätzliche Klärung des Konfliktes zwischen Unternehmensinteressen und Individualinteressen der Familienmitglieder vorausgegangen ist? Strategische Lösungen sind auf tatsächliche Übereinkunft der Beteiligten gegründet. Diese tatsächliche Verständigung ist durch kein noch so ausgefeiltes Vertragswerk zu ersetzen. Kommen Verträge ohne Verständigung zustande, erweisen sie sich über kurz oder lang entweder als verbriefte Lizenz zum Aussitzen weiterhin ungelöster faktischer Probleme oder für einen Teil der Beteiligten als Versailler Diktat, das als Anlass für den nächsten Krieg genommen wird.

Hindernisse, Stolpersteine und Barrieren sind auf dem Weg eines Familienunternehmens zur starken Unternehmerfamilie also nicht selten, und tückisch sind sie obendrein. Nicht immer wird die Unternehmerfamilie imstande sein, den Karren selbst aus dem Dreck zu ziehen. Wo und wie man anpacken muss, um den gewünschten Erfolg zu erzielen, kann nicht als bekannt vorausgesetzt werden.

Teil II

Die Familienstrategie – der Weg zur starken Unternehmerfamilie

Eine Strategie für die Familie 5

Unternehmerfamilien brauchen eine Familienstrategie, um die Entfremdung unter Kontrolle zu bringen. Die eigentliche Gefahr für Unternehmen und Vermögen liegt darin, diese Bedrohung zu ignorieren oder zu unterschätzen. Im Normalfall wird die Entfremdung als schicksalhafte Entwicklung begriffen, auf die kein Einfluss möglich ist. Diese Auffassung begünstigt eine passive Haltung – es bleibt wenig mehr als die Hoffnung, es werde sich schon zum Guten wenden. Die Familie lässt es einfach laufen. Auf diese Weise ist die zerstörerische Kraft der Entfremdung nicht zu kontrollieren. Dabei ist sie kontrollierbar – dazu muss sie als Problem identifiziert und mit geeigneten Mitteln angegangen werden. Entfremdung vollzieht sich in langen Zeiträumen und sie unter Kontrolle zu bringen, ist deshalb eine strategische Aufgabe.

Genau darum geht es der Familienstrategie. Sie stabilisiert die Familie – den dritten Funktionskreis in einem Familienunternehmen – durch ein Gerüst von Institutionen und Regeln. Sie macht Unternehmerfamilien strategiefähig, um die Brisanzfragen von Eigentum am sowie Führung und Mitarbeit im Unternehmen zu klären. Das vermindert die Zahl der Konflikte, begrenzt ihre Reichweite und schafft Mechanismen, um sie zu lösen. Vor allem aber leistet sie eines: Die Einheit der Familie wird wieder zum vertrauten Bezugspunkt des Denkens und Verhaltens der Familienmitglieder – und das ist der beste Garant, Individualinteressen mit dem Interesse der Gemeinschaft zu versöhnen und so das Familienvermögen zu sichern. Die Familienstrategie sichert einer Unternehmerfamilie ihr bedeutendstes strategisches Potenzial – die Handlungsfähigkeit. Über die konstruktive Zusammenarbeit miteinander, die Fähigkeit, Kontroverses sachgerecht zu verhandeln und zu Lösungen zu kommen, gewinnt eine zerstrittene Familie neue Sicherheit. Sie ist nicht mehr Getriebener der Verhältnisse, sondern gestaltet sie. Sie kommt wieder in die

Lage, die Erstarrung zu überwinden und gemeinsam Resultate zu produzieren. Die Familienstrategie will eine funktionierende, sie will nicht unbedingt eine harmonische Unternehmerfamilie. Ihr geht es nicht um eine Einheit der Familie im emphatischen Sinne, sondern im Sinne eines gemeinsamen Interesses. Sie ist und bleibt im Kern pragmatisch motiviert: Die Familienstrategie sichert die Chance auf Erhalt und Wachstum von Familienunternehmen und Familienvermögen.

Anders als in Deutschland zählt sie in den Vereinigten Staaten schon lange zum strategischen Arsenal von Unternehmerfamilien. Sie diente und dient dort als Instrument vorausschauender Planung und der Entwicklung einer Family Governance. Die Beratung wie die Praxis der Familienstrategie fand schon frühzeitig ihren Niederschlag in der universitären Forschung. Zahlreiche Lehrstühle für Betriebswirtschaft sind der Erforschung von Familienunternehmen gewidmet, wobei die Familienstrategie einen selbstverständlichen Platz einnimmt. Mittlerweile hat Deutschland in dieser Hinsicht rapide aufgeholt. Waren Spezialisten für Familienunternehmen vor zwanzig Jahren noch weiße Raben unter den Vertretern ihrer Zunft, hat das Forschungsgebiet seitdem einen nie geahnten Aufschwung erlebt. Die traditionell am Leitbild der Publikumsgesellschaft orientierte Betriebswirtschaftslehre hat ein neues Thema gefunden, und die Familienstrategie gehört dazu. Der Einfluss, den diese Entwicklung auf die Disziplin selbst hat, ist unverkennbar: Interdisziplinarität und eine verstärkte Integration von Theorie und Praxis werden die nächsten Jahre bestimmen.

Ähnliches ist für die Beratung von Unternehmerfamilien zu beobachten. Kam die Familienstrategie in Deutschland lange Zeit in erster Linie als Instrument der Konfliktbereinigung zum Einsatz, zeichnet sich nun ebenfalls eine Annäherung an das amerikanische Muster ab. Dort ist ihre Aufgabe immer schon bevorzugt die Prävention: Entfremdung kontrollierbar machen, Konfliktwahrscheinlichkeit reduzieren, auftretende Konflikte bereinigen – das sind ihre Aufgaben. Diesem Zweck dient die Entwicklung einer Family Governance, die das Handeln der Unternehmerfamilie an ein Set von Regeln bindet und Institutionen schafft, in denen die Willensbildung in transparenter und regelhafter Weise stattfindet. Dieses Muster ist nun auch in Deutschland bestimmend geworden. Natürlich ist die Zahl konfliktverursachter Familienstrategien weiterhin beträchtlich. Aber mehr und mehr setzt sich die Erkenntnis durch, frühzeitig zu reagieren. Auch hier heißt es nun häufiger Prävention statt Konflikt – und das ist gut so: es spart eine Menge Zeit, Kraft und nicht zuletzt auch Geld. Solange noch kein Porzellan zerschlagen wurde, fällt die Verständigung naturgemäß leichter.

Ausgangslage

Die Geburt der Familienstrategie aus dem Geist des Konfliktes ist nach wie vor der Regelfall in Deutschland – ihr unmittelbarer Auslöser ist zumeist eine Blockade der Handlungsfähigkeit in der Unternehmerfamilie. Diese hat bereits über Jahre das Steuerungsvermögen in Unternehmen und Familie beeinträchtigt. Alle Versuche, den Karren wieder flott zu machen, sind gescheitert. Weder ist es gelungen, familienintern eine dauerhafte Lösung zu finden, noch haben die Versuche von Rechts- und Steuerberatern gefruchtet. Der Hausjurist hat bereits den siebten Entwurf in fünf Jahren für die Änderung eines mittlerweile über 30 Jahre alten Gesellschaftsvertrages geliefert. Und auch dieser Entwurf wird das gleiche Schicksal wie seine Vorgänger erleiden. Mit einiger Sicherheit darf angenommen werden, dass die Familie nach nochmals fünf Jahren und Investition eines weiteren sechsstelligen Betrages keinen Schritt vorangekommen sein wird.

Was sind die Gründe? Liegt es an den schwierigen Persönlichkeiten in der Familie, liegt es an den Tücken des Gesellschaftsrechts? Liegt es möglicherweise an inkompetenten Spezialisten? Weit gefehlt. Es liegt an einer durch Entfremdung instabil gewordenen Familie, deren gemeinsames Interesse brüchig geworden und deren Einheit vielleicht wortmächtig beschworen, aber faktisch nicht mehr vorhanden ist. Dieser Verlust schwächt die Gestaltungskraft von Unternehmerfamilien, er begrenzt ihre Handlungsfähigkeit. „Die Nachfolgeregelung ist streitig, wir können uns nicht einigen", „Das Fremdmanagement tanzt uns auf der Nase herum. Die machen mit uns, was sie wollen", „Wir haben in der Familie massive Probleme, zu Entscheidungen zu kommen. Ich sollte zuletzt einen Vetter in den Beirat wählen. Ich kenne den überhaupt nicht", „Bei uns gibt es auf jeder Gesellschafterversammlung Terz. Jeder tut so, als ob ihm der ganze Laden allein gehört" – in diesen typischen Fallkonstellationen spiegelt sich die Handlungsschwäche einer Unternehmerfamilie. Von daher wird auch klar, warum Rechts- und Steuerberater mit ihren Empfehlungen so wenig Erfolg hatten. Gegen den Verlust der familiären Einheit, gegen das Schwinden des gemeinsamen Interesses als Folge der Entfremdung hilft kein noch so ausgeklügelter Gesellschaftsvertrag. Er verschafft einer Unternehmerfamilie nicht das, was sie braucht – nämlich ein stabilisierendes Gefüge von Strukturen in der Familie selbst.

Um sie zu entwickeln, findet die Familienstrategie meist keine günstige Ausgangslage vor. Die Beziehungen in der Familie sind durch jahrelange Streitigkeiten beschädigt, die Vertrauensbasis erodiert, das Zutrauen, die Probleme aus eigener Kraft lösen zu können, geschwunden. Die Fixierung auf Sachfragen, die Personalisierung des Stillstandes durch wechselseitige Schuldzuweisung, die gewohnheitsmäßige Durchbrechung von Regeln, Selbstherrlichkeiten und persönliche Verletzungen haben den Bestand an Gemeinsamkeiten dramatisch schrumpfen lassen. Die Situation ist also im Regelfall denkbar ungünstig. Umso mehr zeigt die Familienstrategie vor diesem problematischen Hintergrund ihr Potenzial. Durch sie kann eine Unternehmerfamilie ihre Handlungsfähigkeit zurückgewinnen. Denn selbst bei fortgeschrittener Verhärtung der Fronten verschafft ihr diese Chance wieder eine Perspektive. Dafür sorgt auch der Blick eines Externen auf die Situation in Familie und Unternehmen. Dabei vermittelt die Familienstrategie eine umfassendere Sicht auf die Verhältnisse – weg von der Personalisierung und auch zunächst weg von den unlösbaren Sachfragen.

Die Familienstrategie richtet den Blick nicht auf die Personen, sondern konzentriert sich pragmatisch auf die Strukturen, die für den Erhalt von Unternehmen und Vermögen wichtig sind. Und sie erkennt, was vorhanden ist und was fehlt: beim gemeinsamen Interesse, bei den Vorstellungen über Werte, Ziele und Rollen in der Unternehmerfamilie, bei akzeptierten und respektierten Regeln, bei verbindenden Institutionen. Damit löst sie sich vorläufig von der Sachfrage oder den Sachfragen, die Ursache der Handlungsblockade sind. Die Klärung der Nachfolge in der Geschäftsführung beispielsweise dürfte aufgrund der bestehenden Entfremdung, Zersplitterung und aufgeheizten Atmosphäre zu diesem Zeitpunkt ausgeschlossen sein. Eine Beratung, die den Fehler wiederholt, sich an diese Frage zu klammern, bringt die Familie nicht voran. Das bedeutete im Gegenteil einen weiteren Verschleiß der Beziehungen, die permanente Bestätigung, dass es mit den anderen einfach nicht geht und zahlreiche wohlmeinende Interventionen der jeweiligen Rechtsbeistände der Stämme, die folgenlos bleiben, weil jemand sein Veto einlegt.

Im Vordergrund steht also zunächst nicht die Frage der zukünftigen Geschäftsführung. Sondern es geht darum, die Familie wieder so weit zu bringen, emotional belastete Sachfragen überhaupt entscheiden zu können. Dabei bewährt sich der pragmatische Zug der Familienstrategie, der die Emotionen nicht ignoriert, aber ihren materiellen Bezugspunkt in den Vordergrund stellt – das Familienvermögen. Sie zielt stets auf die Interessen, die hinter den Emotionen stehen, und das mit gutem Grund. Über Interessen ist eine sachliche Verständigung möglich, über Emotionen nicht.

Dazu prüft die Familienstrategie zunächst die Basis für eine funktionierende Zusammenarbeit. Eine Unternehmerfamilie muss begründen können, weshalb es Sinn macht, gemeinsam im Unternehmen investiert zu sein, sie muss herausfinden, wie weit ihr gemeinsames Interesse reicht. Die Tatsache der gemeinsamen Investition ist nicht bewusst und gewollt zustande gekommen. Es ist jedoch für das gemeinsame Interesse von herausragender Bedeutung, der Investition in das Unternehmen den Charakter der Zufälligkeit qua Erbe zu nehmen und sie aktiv sowohl zur eigenen wie zur gemeinsamen Sache zu machen. Kann eine Unternehmerfamilie das nicht, werden die Individualinteressen mit Sicherheit dominieren. Ist das der Fall, braucht sie etwa über die Besetzung der Geschäftsführung nicht mehr nachzudenken. Sie wird nicht die erforderliche Stärke entwickeln können, um die Entfremdung und ihre Folgen zu kontrollieren. Wenn die Individualinteressen das gemeinsame Interesse deutlich überwiegen, ist es besser, sich vom Unternehmen zu trennen und die Gestaltung seines Vermögensportfolios jedem Einzelnen zu überlassen. In diesem Fall ist der Verkauf die beste vermögenserhaltende und damit auch von der Familienstrategie empfohlene Maßnahme.

Erst wenn das verbindende Element in einer Familie stark genug ist, dem gemeinsamen geschäftlichen Engagement Sinn zu geben, kann sie die Frage nach dem gemeinsamen Ziel beantworten. Will sie das Familienunternehmen erhalten, muss sie klären, was das für die einzelnen Familienmitglieder bedeutet. Bedeutet es zwingend Geschäftsführung durch Familienmitglieder, also operative Führung des Unternehmens? Oder soll die Steuerung nicht besser aus der Gesellschafterrolle wahrgenommen werden? Wie kann so etwas sinnvollerweise aussehen, wie kommen andere Familien damit zurecht? Kurz gefasst – welche Rolle will sie zukünftig spielen, und welche Rollen kommen dabei einzelnen Familienmitgliedern zu? Erst hier nähert sich eine Unternehmerfamilie wieder den vorher unlösbar scheinenden Sachfragen. Im Licht der bis dahin gewonnenen neuen Perspektive haben sich ihr Inhalt und Stellenwert verändert. Was vorher nicht möglich war, kann jetzt durchaus möglich sein.

Die Familienstrategie in der Praxis

Nach diesem ersten situativen Eindruck, wie die Familienstrategie die Situation in einer zerstrittenen und blockierten Familie angehen würde, folgt nun eine systematische Skizze. Die Familienstrategie ist dreistufig angelegt. Ihre Grundlage bildet die Bestandsaufnahme, in einem zweiten Schritt trifft die Familie eine Richtungsentscheidung. Abhängig vom Ausgang dieser Entscheidung entwickelt sie eine Family Governance, die sie in der Familiencharta dokumentiert.

Am Anfang der Bestandsaufnahme steht die Analyse geschriebener Regeln, die Aufschluss über die Verhältnisse in Familie und Unternehmen geben. Dazu zählen u. a. Gesellschaftsverträge, Organigramme, der Familienstammbaum und die Selbstauskünfte der Familienmitglieder. Was vorhanden und was nicht vorhanden ist, gibt bereits wichtige Hinweise darauf, wie die Konfliktlinien verlaufen, welche Probleme Sprengkraft haben: Uralte Gesellschaftsverträge plus zwei Aktenordner mit nie unterschriebenen Änderungsvorschlägen, komplizierte Beiratsordnungen, allzu detaillierte und restriktive Geschäftsführerverträge, ebensolche Regelungen zwischen geschäftsführenden Gesellschaftern, fehlende Ausschüttungsregeln trotz fortgeschrittener Zersplitterung der Beteiligung, nicht vorhandene Eheverträge und so fort sind Indikatoren für Entfremdung und Defizite strategischer Planung. Neben den Verträgen und Vereinbarungen geben die Organigramme Auskunft über das Maß der Verflechtung von Familie und Unternehmen. Aus ihnen geht hervor, welche Familienmitglieder in welchen Positionen im Unternehmen tätig sind. Die Zukunftsperspektive liefert der Familienstammbaum. Er gibt Auskunft darüber, wie weit die Zersplitterung fortgeschritten ist und wie viel Familie noch auf das Unternehmen zukommt. Dieser erste Überblick liefert der Familienstrategie die fundamentalen Randdaten.

Diese Daten bilden die Grundlage für die Arbeitstreffen. Sie dauern in der Regel einen Tag. Der Kreis der Teilnehmer variiert von Generation zu Generation. Bei einem Gründer wird zumeist die ganze Familie teilnehmen. Mit beginnender Zersplitterung sind die Gesellschafter die Mindestbesetzung. Sinnvoller erweist sich – und das stellt zugleich den Normalfall in einer Familienstrategie dar – ein darüber hinaus erweiterter Kreis mit ihren Ehegatten und erwachsenen Kindern. Die Arbeitstreffen sind der Ort, an dem sich die Familie über die Möglichkeiten und Reichweite zukünftiger Kooperation verständigt. Grundlage dafür ist das Maß der Gemeinsamkeiten: die Werte, Ziele und Rollen. Sie lassen Chancen und Reichweite einer Familienstrategie deutlich werden: Was können und wollen wir leisten? In welchen Strukturen? Auch wenn den Teilnehmern die Gemeinsamkeiten zunächst nicht gegenwärtig sind, bedeutet das nicht zwingend ihr Fehlen. Das Wiederauffinden dessen, was die Familie verbindet, kann ihr in der Familienstrategie gelingen. Seine Neubestimmung und die Auseinandersetzung darüber geschieht nicht von heute auf morgen, das braucht Zeit. Die Familie hat in der Familienstrategie die Chance, sich die Gemeinsamkeiten wieder zu erarbeiten. Aber mit zunehmender Zersplitterung und Entfremdung in einer Unternehmerfamilie wird es längere Zeit brauchen, diese Gemeinsamkeiten zu finden. Die Ergebnisse entscheiden darüber, in welche Richtung die Entwicklung geht. Wie viel Kooperation möglich ist und wie weit sie reicht. Die Resultate der Arbeitstreffen schließen die Bestandsaufnahme ab und bilden die Grundlage für die zweite Phase der Familienstrategie, die Richtungsentscheidung.

Die Richtungsentscheidung bietet zwei Möglichkeiten – die Exit- und die Loyalitäts-Lösung. Diese beiden Begriffe knüpfen an eine Typologie des Princeton-Ökonomen Albert O. Hirschman an, die das Verhalten von Individuen in Organisationen beschreibt. Exit-Lösungen trennen oder vereinfachen die Beziehungen zwischen Familie und Unternehmen, wenn die Fähigkeit zur Zusammenarbeit nicht vorhanden oder begrenzt ist. Unter Exit-Lösungen lassen sich, wie aus Abb. 5.1

Die Familienstrategie in der Praxis

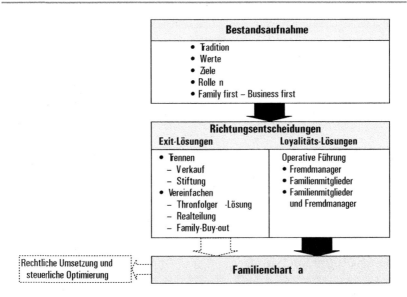

Abb. 5.1 Die Familienstrategie

ersichtlich, alle Optionen vom Verkauf bis zur Thronfolger-Lösung fassen. Wenn die Familie zusammenarbeiten will und kann, führt das zu einer Loyalitäts-Lösung. Das sind die Fälle, in denen sich die Familiengesellschafter auf ein tragfähiges gemeinsames Interesse verständigen und als Einheit begreifen können. Bei der Loyalitäts-Lösung konzentriert sich die Familie darauf, das Bewusstsein der Einheit zu stabilisieren und zu erhalten. Diesem Ziel dient die Entwicklung einer Family Governance mit klaren Strukturen. Sie schaffen klare Verhältnisse und minimieren über ihre verbindliche Geltung willkürliches Verhalten – und damit Entfremdung und Konflikte in Familie und Unternehmen.

Der Schlussstein einer Familienstrategie ist die Familiencharta. In sie fließen die Summe der geteilten Überzeugungen und die Resultate der Family-Governance-Diskussion – die Institutionen und Regeln der Familie – ein. Die Familiencharta beantwortet die grundlegenden Fragen einer Unternehmerfamilie zu den gemeinsamen Werten und Zielen, zu ihrem Selbst- und Rollenverständnis und zu ihren Institutionen. Sie regelt einen anderen Bereich als der Gesellschaftsvertrag – ihr Adressat ist die gesamte Familie. Folglich vermeidet sie abstrakt juristische

Formulierungen und bevorzugt eine allgemein verständliche Sprache. Die in ihr niedergelegten Inhalte regeln die Verhältnisse im Funktionskreis Familie und sind Grundlage der Family Governance.

Die Charta organisiert den Zusammenhalt der Unternehmerfamilie durch Institutionen wie den Familientag, die Verantwortlichen für die Familie, den Familienrat, das Family Office. Ihr Ziel ist es, Willkür und Konflikte zu reduzieren, die Geschlossenheit in der Familie zu stärken und sie im Zusammenspiel der Funktionskreise Unternehmen und Gesellschafter zu einer berechenbaren Größe zu machen.

Eine solche Charta ist im Falle einer Loyalitäts-Lösung obligatorisch. Bei der Exit-Lösung ist eine Familiencharta die Ausnahme. Aber es ist ohne weiteres denkbar, dass eine Familie nach dem Verkauf des Unternehmens beschließt, für die Zukunft gemeinsam investiert zu bleiben, und auf tragfähige Strukturen angewiesen ist.

Eine Strategie nach Maß

So formalisiert das alles nun klingen mag – jede Familienstrategie ist anders. Vor allem unterscheiden sie sich hinsichtlich der Bestandsaufnahme, in der die großen Themen Werte, Ziele und Rollen behandelt werden. Im folgenden Kapitel wird eine umfassende Bestandsaufnahme vorgeführt; es werden sozusagen alle Register der Familienstrategie gezogen. Im Einzelfall ist das nicht immer notwendig. Und vor allem kommt ein weiterer Punkt hinzu, der im siebten Kapitel behandelt wird. Da die einzelnen Aspekte für die verschiedenen Generationen einer Unternehmerfamilie vom Gründer bis zur Familiendynastie von unterschiedlicher Bedeutung sind, verfährt die Familienstrategie generationenspezifisch. Aber auch bei einem Gründer und seinen Kindern wird sie im Hinblick auf die nachfolgende Generation die Werte erörtern, obwohl der Gründer sie am besten kennt und für ihn die Rollen seiner Erben im Vordergrund stehen. Für diese ist es für die künftige Zusammenarbeit von großer Bedeutung, sich mit den Werten und Zielen auseinanderzusetzen. Entscheidend ist jedoch der Einzelfall. Von ihm hängt es ab, welcher Aspekt wie gewichtet wird. Und tendenziell gilt: Für den Gründer sind das die Rollen, für die Geschwistergesellschaft die Ziele und für die Familiendynastie die Werte.

Bestandsaufnahme – das gemeinsame Interesse   6

Am Anfang einer Familienstrategie steht, was die Familie will, eint und trennt. Die Bestandsaufnahme entwickelt ein Bild ihrer Handlungsfähigkeit. Die Handlungsfähigkeit ist *das* strategische Potenzial einer Unternehmerfamilie – sie entscheidet darüber, ob sie schwach oder stark ist. Für ihre Zukunft ist der Befund, den die Bestandsaufnahme ergibt, die Grundlage der Richtungsentscheidung. Hier legt sich die Familie darauf fest, ob es gemeinsam weitergeht oder nicht. Und sie muss dabei eines wissen: Nur eine starke Familie, die sich ihrer Ziele und Gemeinsamkeiten bewusst ist, wird den Weg vom Familienunternehmen zur Unternehmerfamilie bewältigen.

Nun stellt sich die Frage, anhand welcher Kriterien die Handlungsfähigkeit von Unternehmerfamilien beurteilt werden kann. In den Vereinigten Staaten, wo sie in viel stärkerem Maße als in Deutschland auch Gegenstand betriebswirtschaftlichen Interesses sind, hat David Bork auf der Basis einer Untersuchung einen Katalog von Merkmalen entwickelt, die starke Familien auszeichnen. Allerdings lassen sich seine Resultate nicht ohne weiteres übertragen. Deutsche Unternehmerfamilien finden sich in den Merkmalen Borks kaum wieder. Zu groß sind die kulturellen Unterschiede; vor allem das amerikanische Bedürfnis nach Emphase und ideologischer Überfrachtung des Begriffs Familie befremdet. In der Zusammenarbeit mit deutschsprachigen Familien hat sich ein modifizierter Katalog von Indikatoren familiärer Stärke bewährt, der uns – einerseits ergänzt und andererseits um die bei Bork betonten weichen Faktoren erleichtert – die Kriterien liefert, um die Handlungsfähigkeit einer Unternehmerfamilie zu beurteilen.

Von einer starken Unternehmerfamilie kann gesprochen werden, wenn das Miteinander von folgenden Faktoren bestimmt wird:

- Traditionen
- Einigkeit über
  - Werte
  - Ziele
  - Rollen
- Unternehmensinteresse vor Familieninteresse
- Familieninteresse vor Individualinteresse
- Lebendige Strukturen: Regeln und Institutionen
- Umgangsformen

Diese Indikatoren stehen für die Geschlossenheit, die eine Familie für ein erfolgreiches gemeinsames Investment braucht. Je mehr Kriterien eine Familie teilweise oder ganz erfüllt, desto handlungsfähiger ist sie. Der Katalog gibt also zugleich Auskunft, wo die Familie steht und wohin sie sich entwickeln muss, um das gemeinsame Vermögen zu sichern. Im Vordergrund der Familienstrategie und im Zentrum der Bestandsaufnahme stehen zunächst die drei Kernbereiche Werte, Ziele und Rollen. Hinzu kommt ein weiterer Faktor, der eigenständige Bedeutung hat und zugleich die anderen Bereiche überlagert: Deutsche Familienunternehmen werden stark von Traditionen bestimmt. Traditionen aber sind für sich genommen noch kein Merkmal von Stärke. Sie sind der Fundus historischer Gemeinsamkeiten in jeder Familie und als solcher ein natürlicher Ansatzpunkt der Familienstrategie. Schon bei der Geschwistergesellschaft, vor allem aber bei der Familiendynastie gewinnen sie über Werte, Ziele und Rollen hinaus eigenständige Bedeutung. Traditionen erleichtern einer Familie, die Gemeinsamkeiten und Ziele zu erkennen und mit Leben zu erfüllen. Die Bestandsaufnahme gibt aber auch Gelegenheit, sie zu überprüfen, zu entwickeln und den Erfordernissen anzupassen.

Traditionen

Traditionen in Unternehmerfamilien müssen in einem weit gefassten Sinn verstanden werden. Unter Traditionen ist also nicht nur die Familienbibel von 1827, die von Familienoberhaupt zu Oberhaupt weitergereicht wird, oder der Siegelring für den ältesten Sohn zu verstehen. Zu den Traditionen gehören beispielsweise Verhaltensweisen und Eigenarten, die bereits für den oder die Gründer typisch waren. Zwei Brüder, die ein Unternehmen aufgebaut haben, können eine besondere Art des Umgangs miteinander gepflegt haben, die für die nachfolgenden Generationen als Vorbild oder zumindest Anknüpfungspunkt dient. Der eine mag vorwärtsdrängend, der andere bedächtig gewesen sein. Beides hat sich sinnvoll ergänzt und seinen Niederschlag in dem Motto der Brüder „Gemeinsam sind wir stärker" gefunden. Oder es war üblich, keine Entscheidung zu treffen, ohne den anderen zuvor zu fragen: „Bei uns in der Firma gingen die Türen der beiden Alten ständig auf und zu. Die haben sich wegen jeder Kleinigkeit abgestimmt. Die nannten das Pendeldiplomatie." Solche Traditionen im weiten Sinne bieten einer Familie ebenso häufig Anknüpfungspunkte für das Verhältnis zueinander wie die Klassiker familiärer Identität. Zum Beispiel die Verbindung von Profession und Familie: „Einmal Bierbrauer, immer Bierbrauer", von Produkt und Standort „Schmuck kommt aus Pforzheim" oder den seit Generationen bestehenden Wahlspruch einer Familie „Geht nicht, gibt's nicht." Zu den Traditionen gehört auch ein besonderes Verhältnis zur Belegschaft, etwa dass bei den Auszubildenden die Kinder von Mitarbeitern bevorzugt werden oder die Einbindung der leitenden Mitarbeiter in das gesellschaftliche Leben der Familie. Ebenfalls dazu zählen die gemeinsamen Aktivitäten in der Familie selbst: der gemeinsame Sommerurlaub jedes Jahr zur gleichen Zeit am gleichen Ort oder das alljährliche Ski-Wochenende.

Traditionen umfassen die Summe der ungeschriebenen Regeln und Bräuche in einer Familie. Sie sind die historisch gewachsene Basis des familiären Selbstverständnisses. Aber gerade in den letzten Jahrzehnten hat die Bindungswirkung von Traditionen nachgelassen. In Familiendynastien sind sie nicht mehr ohne weiteres erkennbar. Ist die Zersplitterung fortgeschritten und die Bindung an die Familie gelockert, verblassen Traditionen. Wenn die jüngere Generation auf die Fragen: *Wofür stehen wir? Was verbindet uns? Was tun wir? Was tun wir nicht?* keine Antworten findet, bröckelt das Fundament der Familienidentität – unter Umständen mit ernsten Folgen.

Nehmen wir an, in einem Familienunternehmen besteht die Tradition, allen Familienmitgliedern einen Platz in der Firma zu geben. Die Geschäftsleitung entscheidet also nicht einmal über das Ob, sondern allein über das Wie – in welcher Funktion und an welchem Ort das Familienmitglied eingesetzt wird. Dieses traditionelle Privileg der Unternehmerfamilie kann sich aus der Sicht der jüngsten Generation mittlerweile lediglich als *normal,* aber nicht als etwas Besonderes darstellen. Und zusätzlich mag nicht nur das Bewusstsein des Privilegs schwinden, sondern sogar das Verfügungsrecht der Geschäftsführung als unangemessene Einschränkung für den Einzelnen empfunden werden – so ändern sich die Zeiten. Der Weg vom Privileg zur Anspruchshaltung ist kurz. Und von da bis zum Konflikt ist es ebenfalls nicht weit.

Diese Bestandsaufnahme der Traditionen, das Zurechtrücken des Gewordenen und das Wiederauffinden verschütteter Gemeinsamkeiten ist der erste Schritt zur Präzisierung von Werten, Zielen und Rollen in der Familie. In ihrem Licht ist zu prüfen, was zukünftig gelten soll und was dem Wertewandel und der Zersplitterung der Familie entsprechend einer Anpassung bedarf.

Werte

Werte in Unternehmerfamilien operieren nicht auf dem Niveau moralischer Standards, zumindest nicht in erster Linie. Vielmehr gehen sie auf Überzeugungen des Gründers zurück und firmieren im aktuellen Sprachgebrauch unter Begriffen wie Unternehmensphilosophie oder Unternehmenskultur als Bestandteil der Corporate Identity. Gleichgültig aber, wie diese Werte beschaffen sind – ihnen kommt eine bedeutende Funktion zu. Sie bieten die Möglichkeit, in einer gegebenen Situation leichter eine Entscheidung fällen zu können; sie fungieren als Maßstab. Allerdings: Diese Werte sind späteren Generationen oft nicht mehr im erforderlichen Maß präsent, um als Entscheidungshilfe zu dienen. Dem Gründer müssen diese Werte nicht einmal explizit bewusst gewesen sein, er hat intuitiv so gehandelt. Was seinem Handeln Kontinuität und dem Unternehmen Charakter verlieh, müssen sich die nachfolgenden Generationen aktiv vergegenwärtigen. Das hilft einer Unternehmerfamilie, eine gemeinsame Identität zu entwickeln, um das Unternehmen steuern und prägen zu können.

Werte geben nicht nur einer Unternehmerfamilie Identität, sie geben auch einem Unternehmen Herz und Seele. Die Bedeutung von Werten in Familienunternehmen kann kaum überschätzt werden – entgegen der landläufigen Ansicht, für Werte im Unternehmen könne man sich nichts kaufen. Nach Einschätzung der US-Wirtschaftswissenschaftler John Ward und Craig Aranoff sind die Werte einer Unternehmerfamilie die bedeutendste Ressource ihres Unternehmens. Oder wie es der Geschäftsführer eines bedeutenden deutschen Maschinenbauers auf den Punkt bringt: „Gelebte Werte eines Familienunternehmens sind für Konkurrenten schlechterdings nicht zu toppen – man kann sie einfach nicht kopieren." Nicht überall tritt das Potenzial der Werte für ein Unternehmen so deutlich zutage wie beim Kindernahrungshersteller Hipp. Dort prägt der Wert *Qualität,* der sich in der ausschließlichen Verwendung von geprüften Rohstoffen aus ökologischem Landbau manifestiert, Produktphilosophie, Corporate Identity und Marketing. Claus Hipp steht als einer der geschäftsführenden Gesellschafter für die Verpflichtung auf diesen Wert und vermittelt die Botschaft persönlich nach außen. Darüber profiliert sich das Unternehmen als Versöhner von industrieller Produktion und Natur und als Garant für die Zukunft unserer Kinder.

Qualität kann Unternehmen wie Familie betreffen. Typisch für diesen Wert ist, dass alles in besonderer Weise *richtig sein* muss – etwa, das Unternehmen entwickelt und produziert erstklassige Produkte zu angemessenen Preisen. In diesem Fall gilt für den Einkauf die Devise: „Bei den Preisen musst du immer hart verhandeln. Du darfst aber auf keinen Fall, nur weil du den Preis beibehalten willst, schlechtere Ware einkaufen." Entsprechend richtig müssen Personalauswahl und Qualifikationsniveau der Mitarbeiter sein, der Kundenservice sowieso. Und häufig darf gerade die Familie sich nicht drücken: Jeder hat sich um Qualität in seinem Leben – in Schule, Sport und Ausbildung – und im Miteinander in der Familie zu bemühen.

Ebenfalls zu den Konstanten unter den Werten in Unternehmerfamilien zählt die Verbundenheit mit der eigenen Firma. Das Unternehmen ist Wert in einem mehrfachen Sinn. Zunächst und vor allem ökonomischer Wert, dann aber auch die Manifestation der Tüchtigkeit von Gründer und Familienangehörigen, Gestalt gewordene eigene Geschichte, oftmals der die individuellen Existenzen beherrschende Faktor, emotional hoch besetztes Objekt von Zuneigung und Ablehnung. Als solches ist das Unternehmen handlungsleitender Faktor der meisten Entscheidungen. Es ist quasi Familienmitglied. *Familienunternehmen zu sein,* ist in fast allen Unternehmerfamilien ein Wert an sich.

Im Geschäftlichen, aber auch im Privaten spielen *Sparsamkeit, Einfachheit und Maßhalten* eine große Rolle. Das fängt an bei dem persönlichen Lebenszuschnitt des Unternehmers und reicht über den Verzicht auf Stabsstellen im Unternehmen und zurückhaltendem Auftritt nach außen bis zum Porsche-Verbot für den Junior. Aldi hat es geschafft, über den Wert Einfachheit das Erscheinungsbild seiner Filialen wie seine schlanke Organisationsstruktur – mit gewissen Unterschieden zwischen Nord und Süd – zu prägen und damit den Markt der Lebensmitteldiscounter revolutioniert.

Hält eine Unternehmerfamilie den Wert *Bodenständigkeit* hoch, kann das unter anderem für die Besetzung von Führungspositionen eine entscheidende Rolle spielen. Der mit der Besetzung betraute Personalberater kann, wenn der Familie dieser Wert bewusst ist und sie ihn in das Qualifikationsprofil für externe Führungskräfte aufnimmt, den Kreis der vorzuschlagenden Kandidaten sinnvoll begrenzen. Der hervorragend beurteilte Bewerber mit glänzenden Zeugnissen und ausgezeichneten Referenzen kann außen vor bleiben, wenn seine Karriereplanung ein Jobhopping nahelegt. An diesem Beispiel wird die praktische Bedeutung von Werten klar. Bewusst praktiziert, gehört der Wert der Bodenständigkeit ebenso in das Anforderungsprofil für das Management wie die harten Qualifikationen und prägt auf diese Weise den Charakter der Firma. Ob der Wert für ein Unternehmen von Bedeutung ist, tritt in jedem Fall dann zutage, wenn eine Verlagerung des Standortes zur Debatte steht. Nimmt die Verbundenheit zur Region, in der das Unternehmen ansässig ist, einen wichtigen Platz in der Wertehierarchie ein, dann wird eine Unternehmerfamilie am ursprünglichen Standort auch um den Preis ökonomischer Nachteile festhalten.

Im Spektrum der Werte gibt es natürlich auch solche im konventionellen Sinn wie etwa *Freiheit* und – kaum zu überschätzen – *Selbstständigkeit,* also *Unternehmer zu sein.* In manchen Fällen gilt dies als Führungsprinzip schlechthin, also nicht nur für Familienmitglieder, sondern auch den Fremdmanagern im Unternehmen bis hinab zur mittleren Führungsebene wird ein autonomer Gestaltungsspielraum eingeräumt. Auch das kann – bewusst eingesetzt – die Rekrutierung von Führungskräften entscheidend beeinflussen. Eine bedingungslosen Gehorsam fordernde autoritäre Persönlichkeit wird in einem solchen Unternehmen keinen Erfolg haben.

Brisant wird das Thema Werte, wenn es tatsächlich moralische Fragen berührt. So wird etwa eine auf *christliche Werte* verpflichtete Familie, die im Bereich Damenoberkleidung und Accessoires tätig ist und in Südostasien neue Produktionskapazitäten aufbaut, die Geschäftsleitung anweisen, bei den Verhandlungen mit dem thailändischen Joint-Venture-Partner darauf zu bestehen, die Arbeit von Kindern unter 14 Jahren auszuschließen. Die Auseinandersetzung mit der Frage normativer Werte bedeutet für eine Unternehmerfamilie die Chance, ihre Identität wiederzufinden oder sie zu begründen. Die Selbstverpflichtung auf Normen schließt ökonomischen Erfolg nicht aus, wie der Schuhfilialist Deichmann beweist, der sein christliches Engagement so nachdrücklich wie unbefangen vertritt. Er ist damit kein Einzelfall.

Bei der Firma Vorwerk sind die Werte *Integrität* und *Vertrauen* als Maximen der Unternehmensführung etabliert. Daher kommt in diesem Unternehmen dem Moment ehrenhaften Verhaltens der gleiche Stellenwert zu wie der Chance auf Verdienst. Diese Grundsätze haben auch gegenüber der eigenen Belegschaft Bestand – Vorwerk bekennt sich zur *sozialen Verantwortung* gegenüber den Mitarbeitern – und sie gelten auch gegenüber der Gemeinde und der Region, in der das Unternehmen seinen Sitz hat. Ein weiteres prominentes Beispiel sind die dm-Drogeriemärkte des bekennenden Anthroposophen Götz Werner, wo die Lehre des Rudolf Steiner die Unternehmensphilosophie von der Ausbildung über die Mitarbeiterführung bis zum Produktsortiment und die Kundenzeitschrift beeinflusst. Ebenfalls eine Rolle spielt sie bei den Lieferketten – nicht nur bei Bioprodukten, sondern generell wächst in diesem Punkt die Sensibilität der Kunden: Herkunft und Produktionsbedingungen fließen immer häufiger in die Kaufentscheidung ein.

Die Politik hat darauf mit dem Lieferkettensorgfaltspflichtengesetz reagiert, das stufenweise die Anforderungen an die Unternehmen erhöht. Ebenso treibt Unternehmerfamilien – zumal die jüngere Generation – die Frage um, ökonomisches Handeln in Einklang mit Standards zu bringen, die gesellschaftlichen, menschenrechtlichen und umweltschonenden Ansprüchen genügen. Über die Forderung des Artikels 14 des Grundgesetzes hinaus, wonach Eigentum verpflichtet, führen diese Familien heute Diskussionen um die Verantwortung, die aus dem Eigentum am Unternehmen resultiert – auch als *Purpose* firmierend –, die Frage, inwieweit es jenseits der Gewinnmaximierung gesamtgesellschaftlichen Mehrwert zu produzieren in der Lage ist oder – Stichwort: Corporate Social Mind – aktiv auf gesellschaftliche Veränderungsprozesse einwirkt.

Werte prägen also nicht nur Familienunternehmen und entlasten bei Entscheidungen. Sie sichern auch Kontinuität und Zusammenhalt in Unternehmerfamilien. Gerade bei fortgeschrittener Zersplitterung ist ein entsprechendes Wertebewusstsein wichtig. Besonders wichtig wird es, wenn durch den Verkauf des Unternehmens das zentrale Symbol der Identifikation verloren geht, aber die Absicht besteht, weiterhin gemeinsam investiert zu sein. Auch dann können vor dem Hintergrund bewusster Werte Entscheidungen leichter getroffen werden. Eine traditionell bodenständige Familie wird ein Engagement mit hoher Renditeaussicht, aber auch hohem Risiko, kaum eingehen. Einer konservativen Investition mit geringerer, aber sicherer Rendite wird sie den Vorzug geben. Bodenständigkeit bedeutet eben auch *Solidität*. Hat die *Solidität* dem Familienunternehmen früher zu einer hohen Eigenkapitalquote verholfen, so dient sie jetzt einer vermögenden Unternehmerfamilie als Richtschnur für Investments.

Fassen wir noch einmal zusammen: Werte haben in Familienunternehmen herausragende Bedeutung. Sie wirken prägend und entlastend. Sie beeinflussen das Handeln und Entscheiden in allen unternehmensrelevanten Bereichen: bei Investitionsentscheidungen, bei der Personalauswahl, bei der Auswahl der Geschäftspartner, bei der Organisation des Unternehmens. *Werte prägen* ein Unternehmen und eine Familie. Für das Familienunternehmen sind die Werte das Fundament der Corporate Identity. Worum Publikumsgesellschaften mühsam ringen und meist nur vom Zeitgeist abhängige Beliebigkeiten produzieren, finden sich in starken Unternehmerfamilien substanziierte und das Handeln bestimmende Maximen.

Werte sind aber nicht nur Richtschnur des Handelns. Sie begründen das *Selbstverständnis* der Familie. Sie bestimmen, wofür eine Familie steht oder stehen will – und was sie von anderen unterscheidet. Dadurch erzeugen sie *Sinn,* sie stiften das Bewusstsein der Gemeinsamkeit, und das macht eine Unternehmerfamilie handlungsfähig. Gemeinsam investiert zu sein ist auch in der fünften Generation nichts Beliebiges, sondern mindestens sinnvoll als Form intensiverer Teilhabe.

Auch in der fünften Generation kann der einzelne Gesellschafter mit seiner Beteiligung mehr Einfluss auf die gemeinsamen Entscheidungen nehmen als mit einem im Wert vergleichbaren Aktienpaket bei der Deutschen Telekom.

Nicht zuletzt wirken Werte stabilisierend. Starke Unternehmerfamilien mit langer Tradition verfügen über eine solide Wertebasis. Allen bekannten Unternehmerdynastien ist eines gemeinsam: Sie leben einen vielleicht nicht umfangreichen, aber jedem bekannten und jeden verpflichtenden Katalog von Werten. Die Existenz wie das Fehlen von Werten lässt eine Aussage über Umfang und Intensität dessen zu, was eine Familie eint und worauf sie sich im Konfliktfall zurückziehen kann. Stellt sich in einer Familie heraus, dass die gemeinsame Basis zu schmal, inhaltlich zu unbestimmt ist oder von der Familientradition überlieferte Leerformeln sind, stellt dies ein Indiz für eine Entfremdung dar, die die Stabilität der Unternehmerfamilie bedroht.

Evident wird die Bedeutung von Werten übrigens, wenn eine Familie sich entschließt, das Unternehmen zu verkaufen und über ein Family Office entweder zu einer eher passiven Anleger- oder zu einer Investorengemeinschaft zu werden. Ohne die Bindungskraft eines von der Familie gesteuerten Unternehmens – mit habhaften Produkten und Gebäuden, einer Belegschaft und Gremien, in denen Familienmitglieder tätig sind – erodiert ein schwaches Wertefundament in kurzer Zeit.

Nur eine Familie mit starken Werten wird eine schlüssige, wertebasierte Strategie verbindlich machen und ihre Mitglieder bei der Stange halten können. Diese Werte können durchaus allgemeiner Natur sein – Verlässlichkeit, Bodenständigkeit, Verpflichtung auf die Tugenden des ehrbaren Kaufmanns –, und es spricht sogar Einiges dafür, dass diese am besten funktionieren.

Ziele

Ziele sind Fundamentalentscheidungen für die Zukunft von Familie und Unternehmen. Im Gegensatz zu den Werten sind Ziele finalen Charakters. Sie sind konkret und überprüfbar, weil sie darauf ausgerichtet sind, in die Tat umgesetzt zu werden. Allen Beteiligten einer Familienstrategie erscheinen Ziele näher, einleuchtender, griffiger – jedenfalls erheblich plastischer als Werte. Tatsächlich aber fällt ihre Formulierung viel schwerer als es die Beteiligten erwarten. Denn während der Gründer seine Ziele noch klar vor Augen hatte und lebte, gilt das für die folgenden Generationen nicht unbedingt. Prinzipiell ist bei einer Gruppe, die sich über ihre Ziele klar werden muss, die Lage komplizierter. Vor allem stellt sich die Frage, wer die Ziele für Familie und Unternehmen vorgibt. Hier prallen unterschiedliche Sphären aufeinander: tätige und nichttätige Gesellschafter, Senioren und Junioren, Familienoberhaupt und Cousinen zweiten Grades – ein denkbar heterogener Kreis. Die Formulierung von Zielen erweist sich denn auch immer wieder als prekäre Angelegenheit.

Nicht von ungefähr werden Ziele in Unternehmerfamilien bevorzugt auf das Unternehmen bezogen. Für das Unternehmen Ziele zu haben, ist eine Selbstverständlichkeit. Meist bleiben sie auf das operative Geschäft beschränkt und sind damit eine Domäne der geschäftsführenden Gesellschafter. Geht es um die Familie oder das Verhältnis der Familie zum Unternehmen, ist ein Zielvakuum der Regelfall, das zu füllen sich niemand traut. Die tätigen Gesellschafter fürchten solche Zieldiskussionen als Einfallstor für sachfremde Interessen der Nichttätigen und ziehen die Qualität solcher Vorschläge prinzipiell in Zweifel – sie begreifen eben Ziele ausschließlich operativ. Operative Ziele müssen selbstverständlich der Geschäftsführung vorbehalten bleiben; Ziele aber sind weit mehr als das. Sie betreffen natürlich das Unternehmen, aber nicht nur operativ, sondern maßgeblich strategisch: Wo soll das Unternehmen in zehn Jahren stehen? Wie wollen wir seinen Charakter als Familienunternehmen erhalten?

Und mehr als das: Ziele betreffen auch und gerade die Familie selbst – vor allem das Verhältnis zwischen Familie und Unternehmen. Es müssen eindeutige Ziele formuliert werden. Sie schaffen Klarheit, wie Familie und Unternehmen auszurichten sind. Wie auch die Werte erleichtern klare Zielvorgaben einer Unternehmerfamilie das Leben. Sie legen den Generalkurs fest und liefern als Leitlinien des Handelns die Maßstäbe, nach denen entschieden wird. Konkreter als bei den Werten geben sie dem Handeln einer Unternehmerfamilie Richtung, bündeln Kräfte und machen Erfolg und Misserfolg sichtbar. Wie detailliert oder allgemein diese Ziele formuliert werden, hängt von der Rolle ab, die die Familie im Unternehmen spielen will; ob sie aus dem operativen Management, aus einem Kontrollorgan oder aus ihrer Stellung als Kapitaleigner steuert. Zusätzlich kann jenseits der Steuerung des Unternehmens die gemeinsame Vermögensanlage verbindende Ziele erfordern.

In der Familienstrategie geht es also um zwei Arten von Zielen: um strategische Ziele, die erstens die Familie selbst und zweitens ihr Verhältnis zum Unternehmen betreffen. Da die Zahl möglicher Ziele denkbar groß ist, wollen wir uns aus diesem Grund auf einige ganz typische Ziele konzentrieren. Wir kommen zurück auf die beiden Fundamentalfragen, die jede Unternehmerfamilie beantworten muss: *Wo soll das Unternehmen in 10 Jahren stehen?* Diese Fragen kann eine Familie nur beantworten, wenn sie klare Ziele hat. *Der Erhalt des Familienunternehmens* ist naheliegenderweise das am häufigsten genannte Ziel, das in Zusammenhang mit diesen Fragen steht. Das Unternehmen ist die Quelle des Wohlstandes, der

Identifikation und oft genug der Ort der Selbstverwirklichung. Hinzu kommt der Auftrag des Gründers, das Lebenswerk in der Familie zu halten. Dieses Ziel korrespondiert mit dem Wert, Familienunternehmen zu sein. Im Kern bedeutet es, das Unternehmen durch die Werte der Familie zu prägen. Für eine Unternehmerfamilie ist diese Aufgabe und das Kultivieren der Werte untrennbar miteinander verknüpft und Chance zur Gestaltung. Die Konkretisierung kann aber auch in ganz anderer Weise erfolgen. Sie kann beispielsweise die Stärkung der Eigenkapitalquote bedeuten, damit wirklich die Familie und nicht die Bank über eine Investition entscheidet. Sie kann sogar bedeuten, vorübergehend Familienfremde zu beteiligen – aber eben nur zur Beschaffung von Kapital und zeitlich befristet. An dem Ziel, Familienunternehmen zu bleiben, muss sich auch der Vorschlag aus dem Gesellschafterkreis messen lassen, das Unternehmen an die Börse zu bringen. Worum es also im Wesentlichen geht, sind die Punkte Wachstum und Finanzierung, das Risikoverhalten der Familie, ihre Renditeerwartungen und nicht zuletzt das Maß ihres Einflusses auf das Unternehmen. Auch ein Börsengang schließt die beherrschende Stellung der Familie nicht aus, wie das Beispiel Fuchs Petrolub zeigt.

Geht es um den Erhalt des Familienunternehmens, fallen Wunsch und Wirklichkeit mit fortschreitender Generationenfolge immer weiter auseinander. Und hier wird eines ganz deutlich: Eine Unternehmerfamilie darf nicht dabei stehen bleiben, nur Ziele für das Unternehmen zu entwickeln, sie muss es in gleichem Maße für die Familie tun. Eine Familie darf nicht glauben, Ziele gäbe es nur für das Unternehmen. Denn eines wird bei dem Ziel Erhalt der Firma als Familienunternehmen leicht übersehen. Nämlich, dass ihm ein anderes zugrunde liegt: die *Geschlossenheit* in der Familie. Dieses Ziel wird regelmäßig ignoriert, weil es ausschließlich in der Sphäre der Familie liegt. Wenn es aber nicht identifiziert und aktiv angestrebt wird, ist das nachgeordnete Ziel, die Firma als Familienunternehmen zu erhalten, bedroht.

Die Familienstrategie stellt daher aus gutem Grund die Geschlossenheit der Familie in den Mittelpunkt. Mit ihr steht und fällt, was geht und was nicht geht. Die Strukturen und Institutionen, die eine Kooperation in der Familie auf Dauer sicherstellen – die Entwicklung einer Entscheidungs- und Gremienkultur – befestigen die Geschlossenheit. Die Familiencharta und der Familientag sind lebendiger Ausdruck der Geschlossenheit und verkörpern den Willen, dieses Ziel als Bestandteil des familiären Bewusstseins präsent zu halten. Geschlossenheit ist nicht alles, aber ohne Geschlossenheit ist alles nichts.

Wenn eine Familie in der zweiten oder dritten Generation den Erhalt des Familienunternehmens als Ziel formuliert, muss sie sich eines vor Augen halten: Das Verhältnis Familie und Unternehmen wird ein anderes sein, als der Gründer es hatte. So gehört beispielsweise die Selbstverwirklichung im Unternehmen auf den Prüfstand. Sind fähige Manager aus der Familie zu erwarten? Soll die Mitarbeit auf die Geschäftsführung beschränkt bleiben? Kann die Firma den Anspruch auf Mitarbeit von Familienangehörigen auf jeder Ebene verkraften? Oder führt dies zum Konflikt mit einem ebenfalls denkbaren Ziel, die *Rentabilität* des Unternehmens durch *Professionalisierung* zu erhöhen, um es der nächsten Generation als Quelle des Wohlstands zu erhalten?

Gelegentlich schon in der zweiten Generation – nämlich dann, wenn keines der Kinder die Nachfolge antritt – häufiger aber erst in folgenden Generationen, wird das Ziel Erhalt des Familienunternehmens abgelöst durch das Ziel, *Unternehmerfamilie zu sein*. Dahinter steht ein gewandeltes Verständnis der Familie vom Stellenwert des Unternehmens. Es wird dann nicht mehr als unverfügbarer Faktor, sondern als disponibler Vermögenswert neben anderen begriffen. Der Diversifizierung des Vermögens entspricht die zunehmende Zersplitterung der Anteile. Die Lösung der emotionalen Bindung an das Unternehmen kann eine Chance sein. Eine Chance der Entwicklung vom Familienunternehmen hin zur Unternehmerfamilie, die die Gestaltung ihres Portfolios als neue unternehmerische Aufgabe begreift. Damit verschiebt sich der Fokus von der Unternehmensführung zum Vermögensmanagement, einer Aufgabe, der sich manche Familie angesichts des rapiden Wachstums ihres Unternehmens schon sehr früh stellen muss. Gleichzeitig müssen Zusammenhalt und Entscheidungsfähigkeit der Familie gestärkt werden, da die aktive Verwaltung des Vermögens die Möglichkeit einzuschließen hat, das Unternehmen zu veräußern. Wenn der richtige Käufer zur richtigen Zeit den richtigen Preis bietet und das Vermögen damit optimiert wird, ist ein solcher Entschluss zielkonform. Eines wird hier deutlich: Vollzieht eine Familie eine solche Entwicklung, dann nur vor dem Hintergrund familiärer Geschlossenheit. Denn der Verlust der Identifikation über das Unternehmen erfordert ein dynamisches Selbstverständnis und Strukturen, die den familiären Zusammenhalt gewährleisten.

Ebenso geht die Frage: *Was soll das Unternehmen verdienen?* die Familie an, in erster Linie natürlich die Gesellschafter. Die Verständigung darüber reduziert Konflikte in der Familie und ist Messlatte für tätige Gesellschafter und Fremdmanager. Welche Erwartungen haben die Gesellschafter an die Verzinsung des eingesetzten Kapitals? Soll Shareholder-Value-Denken für den Geschäftserfolg maßgeblich sein? Oder gelten für ein Familienunternehmen nicht andere Maßstäbe? Hierher gehört ebenfalls die heikle Thematik der Gewinnverwendung. Wie viel wird an die Gesellschafter ausgeschüttet, wie viel thesauriert? Im Rahmen der Familienstrategie kann sich eine Unternehmerfamilie auf eine Regelung für die Zukunft verständigen, deren prägende Wirkung auf die folgende Generation nicht zu unterschätzen ist. Hinzu kommt die entlastende Wirkung von Zielvorgaben. Alles, worüber Klarheit besteht, verursacht keinen Streit.

Denn hinter den Begriffen Ausschüttung und Thesaurierung verbergen sich konkurrierende Ziele: auf der einen Seite wiederum das Ziel einer *soliden Eigenkapitalquote* im Unternehmen, auf der anderen Seite beispielsweise das legitime

Interesse des Gesellschafters an der *Bildung von Privatvermögen*, etwa zur Abfindung weichender Erben oder – gerade von Gründern oft vernachlässigt – dem Aufbau der Altersvorsorge. Beide Ziele sind strategisch wichtig, aber kaum zugleich maximierbar. Wichtig ist es, sie klar zu formulieren, um überhaupt erst Zielkonflikte erkennen zu können und verhandelbar zu machen. Die Familienstrategie hilft der Familie also nicht nur bei der Präzisierung der Ziele. Sie ordnet sie in übergreifende Zusammenhänge ein und verhilft der Familie so zu einem Ausgleich widerstreitender Interessen.

In einer sich wandelnden Welt können und dürfen Ziele nicht auf alle Zeiten unveränderlich sein. Sie müssen dynamisch begriffen und behutsam angepasst werden. Jede Generation muss sie überprüfen. Das wird ihr umso leichter fallen, als eine offene und reflexionsgewohnte Gesprächskultur in der Familie etabliert ist. Die Zustimmung zu den Zielen einer Familie fußt auf der freien Entscheidung des Einzelnen. Sie ist ein natürlicher Ausdruck individueller Freiheit – aber nicht zur Beliebigkeit, sondern zur Selbstbindung in der Familie. Das bedeutet auch, dass diese Bindung von Dauer sein muss. Nichts ist für die Ewigkeit, aber ebenso wenig können fundamentale Entscheidungen ständig zur Disposition stehen. Wenn die Familie entscheidet, das Unternehmen im Eigentum zu halten und zu diesem Zweck einen Poolvertrag abschließt, dann muss die Laufzeit entsprechend bemessen sein. Sie kann keine fünf Jahre betragen, sondern angemessen ist ein Zeitraum zwischen 10 und 15 Jahren.

Für den Einstieg über Traditionen, Werte und Ziele in die Bestandsaufnahme gibt es familienstrategisch gute Gründe. Zum einen öffnet sie einer in Sachfragen verbissenen Familie einen neuen Blick auf ihre Situation. Sie wirkt entschärfend, weil sie nicht die Sachfragen, sondern die Grundlagen thematisiert, die für ihre Lösung notwendig sind. Und sie macht die Probleme einer Unternehmerfamilie auch für jeden begreiflich, der nicht zum engeren Entscheiderkreis gehört. Es dürfte hinreichend klar geworden sein, in welchem Maß Werte und Ziele als Leitlinien und Bewertungsmaßstab Entscheidungen und Formulierung verbindlicher Regeln erleichtern. Beide sind Voraussetzung für den heikelsten Teil der Bestandsaufnahme, der von seiner Natur her den Sachfragen am meisten angenähert ist – die Verteilung der Rollen in Familie und Unternehmen.

Rollen

Die Brisanz der Rollenfrage rührt daher, weil hier über die Verteilung von Macht und Geld entschieden wird. An den mit diesem Thema verbundenen Brisanzfragen entscheidet sich, ob das Konfliktpotenzial in einer Familie zu kontrollieren ist oder

nicht: *Wer führt das Unternehmen? Wer darf im Unternehmen arbeiten? Wer wird am Unternehmen beteiligt? Wer gehört zur Familie und wer nicht? Wer führt die Familie?*
Tabuisierungen und Unklarheiten bei diesen Fragen sind die Quelle von Generationenkonflikten, Geschwisterrivalitäten, Streitigkeiten zwischen tätigen und nichttätigen Gesellschaftern, Schwiegersohn- und Schwiegertochter-Problematik, Streit um Führungsauslese und Mitarbeit im Unternehmen. Das Fehlen von Regeln in diesen Punkten bildet eine echte Gefahr für die Handlungsfähigkeit. Denn Beliebigkeit, freihändiges Entscheiden im Einzelfall oder das freie Spiel der Kräfte – der Triumph des Darwinschen Survival of the Fittest – eröffnen persönlicher Kränkung Tür und Tor.

Die Brisanz der Rollenfrage ist der Familie im Normalfall kaum bewusst. In einem Familienunternehmen ergibt sich aus dem Nebeneinander von Familie und Unternehmen ein multiples Rollengefüge, das in erster Linie von der Rangordnung Führungskraft, Gesellschafter und Familienmitglied bestimmt wird. Schon die formale Zuordnung der Rollen in einer Unternehmerfamilie – die emotionale Komponente sei hier einmal beiseitegelassen – erweist sich als erstaunlich komplex und ergo konflikträchtig. Die amerikanischen Ökonomen Renato Tagiuri und John Davis haben dieses Rollengefüge in einem ähnlichen wie dem bereits vorgestellten Drei-Kreis-Modell veranschaulicht.

Die Zuordnung der einzelnen Familienmitglieder zu den Funktionskreisen macht wiederum einiges klarer. Was bis hierhin eher unverständlich war, welche Regeln das Mit- und Gegeneinander bestimmen, erschließt sich jetzt als erklärbare Ordnung – oder besser: erklärbare Unordnung. Und es wird deutlicher, weshalb sich Spannungen zwischen Einzelnen ergeben, wie Rollenkonflikte und -vermischung in Animositäten und Schlimmeres münden. Das Tagiuri-Davissche Schema liefert allerdings lediglich eine vorläufige Vorstellung, wie kompliziert die Verhältnisse sind (Abb. 6.1).

Tatsächlich reicht es nicht einmal aus, die Komplexität der formalen Beziehungen vollständig wiederzugeben. Eine ganze Reihe von Fällen, die in der Praxis gar nicht so selten sind, werden dort nicht erfasst. Ein solcher atypischer Fall, der ein hohes Konfliktpotenzial birgt, ist beispielsweise der freie Grafik-Designer, der als nichttätiger Gesellschafter einen Beratervertrag mit dem Unternehmen unterhält und dafür satte Honorare durchsetzt. Vor allem aber kommen in Tagiuris und Davis' Modell die zahlreichen Fälle nicht vor, in denen Familienmitglieder oder Familiengesellschafter in untergeordneter Position im Unternehmen tätig sind. Auch damit ist die Komplexität des Rollengefüges noch nicht erschöpft. Es ist umso komplizierter, je mehr Tabus und Mythen das offene Gespräch in der Familie begrenzen. In ihrem Windschatten gedeihen die erstaun-

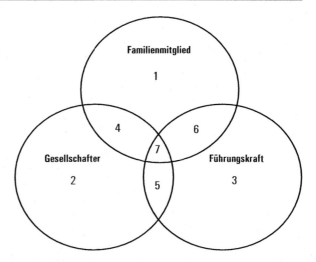

Abb. 6.1 Rollen in Familienunternehmen nach Tagiuri und Davis

1. nur Familienmitglied
2. nur Gesellschafter
3. nur Führungskraft
4. Familienmitglied mit Gesellschafterbeteiligung, inaktiv
5. Führungskraft, die auch Gesellschafter ist
6. Familienmitglied, das im Unternehmen tätig ist, ohne Beteiligung
7. Familienmitglied als geschäftsführender Gesellschafter

lichsten Selbsttäuschungen und Fehleinschätzungen, die Lebenspläne, Kalküle und Erwartungen der Familienmitglieder bestimmen.

Das alles erklärt, warum Unternehmerfamilien mit dem Rollenthema stets Probleme haben. Besteht hier Handlungsbedarf – und das ist eigentlich immer der Fall – so nimmt die Familienstrategie den Brisanzfragen ein Gutteil ihres Gefahrenpotenzials. Vor dem Hintergrund der bereits erfolgten Verständigung über die gemeinsamen Werte und Ziele hat sich der Blick auf die Dinge verändert. Vieles, was zementiert und unverrückbar schien, ist jetzt verhandelbar. An dieser Stelle klärt die Bestandsaufnahme, was die Einzelnen wollen – und warum und wieso sie welche Funktion in Unternehmen und Familie innehaben oder besetzen wollen. Ist es sinnvoll, eine Teamgeschäftsführung durch drei gleichberechtigte Brüder anzustreben? Sind sie gleichermaßen unternehmerisch begabt? Was hat das Unternehmen davon? Geht es nur darum, allen den gleichen Platz zu geben? Aber auch ein Alleingeschäftsführer ist im Familienunternehmen in besonderer Weise gefordert. Wenn nur ein Familienmitglied die Position des geschäftsführenden Gesellschafters anstrebt, dem gemeinsam mit sieben nichttätigen das Unternehmen gehört, dann sollte er akzeptieren, dass ein Familienunternehmen ihn in mehr als einer Hinsicht beansprucht. Anders als in Publikumsgesellschaften hat er nicht nur eine erstklassige Managementleistung abzuliefern. Zusätzlich zur erfolgreichen Arbeit im Unternehmen muss er konstruktiv mit den nichttätigen Gesellschaftern zusammenwirken – eine nicht immer leichte Aufgabe. Vielleicht macht er die den Fußballtrainern geläufige Erfahrung, dass der Verein die Erfolge erntet und nur der Trainer für die Misserfolge verantwortlich zeichnet. Aus diesem Grund sollte er die Geschäftsführung als echter Überzeugungstäter ausüben. Es muss ihm Freude bereiten, mit der und für die Familie zu arbeiten.

Die Familienstrategie ist in dieser wie in allen anderen Konstellationen von Vorteil: Sie erleichtert das Personalmanagement in der Familie, indem sie Transparenz schafft und den Beteiligten zu einer pragmatischen Einstellung verhilft, die Wünsche und Erwartungen realistisch begrenzt. Sie konfrontiert eine Familie mit den Folgen ihrer Pläne und Entscheidungen – das ganze Ensemble der Primär- und Sekundärfolgen – vor allem aber der unbeabsichtigten Nebenfolgen.

Im Zentrum des Rollenthemas steht die Verteilung der Führungspositionen im Unternehmen und in der Familie: als Geschäftsführer, als Sprecher der Gesellschafter, als Familienoberhaupt, als Verantwortlicher für die Familie. Die Familienstrategie will ein konstruktives und von sachlichen Motiven getragenes Verhältnis der Familie zum Unternehmen. Dazu gehört auch, einen Verantwortlichen für die Familie zu benennen, um die eher formale oder repräsentative Position des Familienoberhaupts zu ergänzen und zu entlasten. Der Unternehmensführer wird die aktive Rolle der Familie kaum gestalten können, denn der natürliche Vorrang geschäftlicher Pflichten würde die Familie dauerhaft auf den zweiten Platz verweisen. Alleine schon das Problem der ewig knappen Ressource Zeit führte fast zwangsläufig zu einer Vernachlässigung der Pflichten gegenüber der Familie.

Bei der Rollenverteilung eröffnet die vorherige Klärung von Werten und Zielen gerade bei fortgeschrittener Generationenfolge einen neuen und unverstellten Blick auf die Lage. Es ist denkbar, dass bereits die zweite Generation nicht mehr operativ führt und sich neu aufstellen will: eigene unternehmerische Aktivitäten entfaltet, die gemeinsame Vermögensanlage über ein Family Office steuert oder sich in der familieneigenen gemeinnützigen Stiftung engagiert. Auch die Rolle des Verantwortlichen für die Familie, der für Zusammenhalt und Qualifizierung der Gesellschafter sorgt, kann ein denkbar breites Spektrum abdecken: Können wir alle eine Bilanz lesen? Oder verstehen wenigstens einige von uns, was sich hinter den Zahlen verbirgt? Sind wir imstande, eine Unternehmensstrategie zu verproben? Mit zunehmender Entfernung einer Familie von geschäftlichen Fragen können sich ihm ebenso solche Aufgaben stellen wie die Organisation des nächsten Familientages.

Die Funktion des Verantwortlichen für die Familie beschränkt sich natürlich nicht nur darauf. Seine Aufgabe ist unter anderem die des Integrators, der die zentrifugalen Kräfte hemmt, der versöhnt und nicht trennt, der organisiert, der anregt, der Aktivitäten bündelt, der ansprechbar ist. Und der vor allem diese Dinge gerne tut und seine Aufgabe nicht als minderwertigen Ersatz betrachtet, sondern als eine der zentralen Aufgaben in einer handlungsfähigen und starken Unternehmerfamilie.

Die erfolgreiche Auseinandersetzung mit der Rollenfrage ist ein erster Schritt hin zu leistungsfähigen Strukturen in der Familie. Am Ende einer Familienstrategie werden diese im Rahmen einer Family Governance zu einem festen Bestandteil des familiären Zusammenhalts: der Familientag und der Verantwortliche für die Familie sowie – je nach Bedarf – das Family Office und weitere Institutionen. Desgleichen wird es am Ende einer positiv verlaufenen Bestandsaufnahme möglich sein, klare Regeln für die Führungs- und Beteiligungsnachfolge zu formulieren. Eine einvernehmliche Klärung der Rollenfrage lässt die ziemlich sichere Prognose zu, dass die Familie dauerhaft zum Nutzen des Unternehmens und des gemeinsamen Vermögens kooperieren wird.

Traditionen, Werte, Ziele und Rollen – sie sind die Kerninhalte einer jeden Familienstrategie. Sie machen die Substanz einer starken Unternehmerfamilie aus. Gelingt die Verständigung über diese Kerninhalte, dann ist die Familie handlungsfähig, oder sie wird es wieder werden können. Zugleich wird sie feststellen, dass sie dadurch weitere zentrale Kriterien familiärer Stärke leichter erfüllen kann – den Vorrang des Unternehmensinteresses vor dem Familieninteresse und den Vorrang des Familieninteresses vor den Individualinteressen.

Gelingt ihr die Verständigung nicht, wird eine Familie diese besonders griffigen Merkmale nicht für sich beanspruchen können: den Vorrang des Unternehmens vor der Familie und der Familie vor dem Einzelnen. Das zwangsläufige Aufeinandertreffen von Unternehmens-, Familien- und Individualinteressen hat uns schon mehrfach beschäftigt. Seine außerordentliche Bedeutung gibt Anlass, den Punkt an dieser Stelle noch einmal hervorzuheben. Üblicherweise firmiert der Konflikt unter der Formel: *Family first oder Business first?* Diesen Interessenkonflikt zu bewältigen, fällt Unternehmerfamilien schwer. Denn zu tief verwurzelt sind Gewohnheiten und Privilegien, als dass sie den Familienmitgliedern ohne weiteres als solche erkennbar sind.

Family first – Business first?

Fragt man eine Unternehmerfamilie, ob die Interessen der Familie oder die des Unternehmens vorgehen, so kommt die Antwort prompt. Und es ist immer die gleiche: Natürlich gehen die Interessen des Unternehmens vor. Die Wirklichkeit sieht anders aus. Das Konfliktfeld Family first oder Business first ist der blinde Fleck in deutschen Unternehmerfamilien schlechthin. Unabhängig von der Frage, ob das Unternehmen tatsächlich stets Vorrang haben sollte, stellt sich bei näherem Hinsehen heraus, dass der Stellenwert der Familie – und hier vor allem der einzelnen Familienmitglieder – viel höher ist, als die Beteiligten es sich eingestehen wollen. Das fängt im Kleinen und Nebensächlichen an: die verständliche Gewohnheit, dass die ganze Familie an der Vertragstankstelle ihre auf die Firma laufenden Fahrzeuge betankt, der Hausmeister des Unternehmens den Garten pflegt, die Kinder im Unternehmen Praktika und Lehre absolvieren und so fort. Das ist der Ort, an dem wenig oder nichts geregelt ist, der Ort, wo sich die Generosität des Seniors beweist, der jovial und freihändig Privilegien gewährt.

Bei einem Unternehmen in erster Generation ist das aus Sicht der Familie alles kein Problem. Ab der zweiten Generation stellt sich die Frage, wie viel Familie das Unternehmen verkraftet. Die Krux bei diesen Dingen ist die Häufung und die Gewöhnung an Privilegien. Als solche sind sie kaum bewusst, banal und alltäglich wie sie sind. Virulent wird diese unreflektierte Mentalität, wenn es um härtere Themen geht: um Führung, Beteiligung, Kontrolle und Mitarbeit im Unternehmen. Soll Führungsnachwuchs aus der Familie qua Geburtsrecht in die Geschäftsführung rücken dürfen, oder muss er die gleichen Kriterien wie ein Fremdmanager erfüllen? Muss ein tätiger Gesellschafter gehen, wenn er nicht erfolgreich ist? Und wann muss er gehen? Wenn die Ehefrau des Gründers im Unternehmen arbeitet, soll dann auch die Schwiegertochter im Unternehmen arbeiten dürfen? Soll das auch für alle Schwiegerkinder gelten?

Das Thema Family first – Business first beherrscht vor allem einen der strategischen Fragenkomplexe im Familienunternehmen: Ausschüttung, Vergütung und Eigenkapitalquote. An keiner Stelle spiegelt sich das Verhältnis der Familie zum Unternehmen so deutlich. Eine Familie, die in dieser Frage eine gemeinsame Grundüberzeugung leben kann, darf sich glücklich schätzen. Ihr bleiben Auseinandersetzungen erspart, die in Unternehmerfamilien zu den langwierigsten und erbittertsten zählen. Merkwürdig mutet in diesem Zusammenhang die Tatsache an, wie gerne Familien den Satz „Das Unternehmen geht vor" strapazieren, auch wenn das so klar nicht mehr ist. Für den Gründer stimmte die Aussage. Vor die Wahl gestellt, eine neue Maschine anzuschaffen oder das Privathaus zu renovieren, war es für ihn keine Frage, was an erster Stelle kam. Später ist das anders – gerade für nichttätige Gesellschafter ist ein Verzicht auf die Ausschüttung zum Wohle der Firma nicht unbedingt selbstverständlich. Jede Generation muss sich also explizit darüber klar werden, was der Vorrang des Unternehmens für sie bedeutet. Hier zeigt sich: Familienunternehmen sind keine Selbstläufer, sondern bedürfen planvoller Steuerung. Sonst läuft das Schiff über kurz oder lang aus dem Ruder. Dieses

Thema fordert Unternehmerfamilien in hohem Maß. Es hat viel mit Disziplin und Konsequenz zu tun, es erfordert die Bereitschaft zum Verzicht und die Entschlossenheit, alte Zöpfe abzuschneiden – so lieb sie einem auch geworden sein mögen.

Es soll hier aber nicht einseitig dem Vorrang des Unternehmens das Wort geredet werden. Ein tatsächliches Business first ist nicht weniger kritisch als das so oft nur halb bewusste Family first. Der unbedingte Vorrang des Unternehmens birgt stets die Gefahr, dass die Familie sich ihm entfremdet. Wer Gesellschafter ist, darf auch materiell etwas davon haben, wer als Familienmitglied in die Führung des Unternehmens aufsteigen möchte, sollte eine faire Chance bekommen. Eine Unternehmerfamilie tut gut daran, verschiedene Beispiele konkurrierender Interessen durchzuspielen und manches explizit zu regeln, etwa dass bei der Besetzung einer Führungsposition das Familienmitglied den Vorzug vor einem externen Kandidaten erhält – sofern beide gleich qualifiziert sind. Es kommt also weniger auf ein Entweder-oder, sondern auf eine reflektierte Regelung an, die zwischen den Extremen vermittelt.

Dazu gehört – um noch einmal auf das Thema Ausschüttungen zurückzukommen – die Reduktion von Konfliktmasse. Gesellschafter eines Unternehmens zu sein, sollte nicht nur mit Rechten und Pflichten verbunden sein, sondern materielle Teilhabe ermöglichen. Was von jedem börsennotierten Unternehmen erwartet werden darf, sollte auch in familiengeführten üblich sein. Der Aufbau von firmenunabhängigem Privatvermögen ist kein unbilliges Ansinnen, sondern nicht nur wegen der Vermeidung eines Klumpenrisikos sinnvoll. Es schafft auch ein Stück Unabhängigkeit von den anderen Gesellschaftern und dem Erfolg des Unternehmens, es gibt Raum, einen eigenen Bereich nach eigenen Vorstellungen zu gestalten. Dieser Punkt ist wichtig – Gesellschafter zu sein, beruht in aller Regel nicht auf freiem Entschluss, mancher erlebt es auch als Zwangsgemeinschaft. Aus diesem Grund sollte ein vernünftiger Ausgleich von Individual- und Unternehmensinteressen als Ventil genutzt werden.

Umgangsformen

In der Bestandsaufnahme der Familienstrategie gewinnt eine Unternehmerfamilie nicht nur Klarheit über die Kerninhalte und die Tücken des latenten Dauerthemas Family first oder Business first. Die Arbeitstreffen verfolgen noch einen weiteren Zweck. Sie üben einen *Stil,* eine Art des Umgangs miteinander ein, der für die Zukunft der Familie von großer Bedeutung sein wird. Einen Stil, der handlungsfähige

Unternehmerfamilien auszeichnet. Ein konstruktiver Stil, der auf gegenseitigem Respekt und Achtung gründet – eine Familienkultur.

Gerade wenn der Familienstrategie eine längere Phase wechselseitiger Blockaden oder offener Konflikte vorausgegangen ist, sind die Beziehungen unter den Familienmitgliedern beschädigt, ist der Umgang miteinander schwierig, sind die Verletzungen zu tief, die Vorurteile härter als Beton. Die Folgen für die Umgangsformen lassen sich leicht ausmalen. Zu sehr sind die Beteiligten an das lautstarke Ende der Gesellschafterversammlungen gewöhnt, zu abgestumpft von der ewigen Ergebnislosigkeit, zu abgestoßen von Zank und Streit. In dieser Situation mutiert die Familie zu einer Zwangsgemeinschaft, in der sich die Beteiligten wie eingesperrt fühlen. Dem Klima bekommt das naturgemäß nicht gut: „Bei unseren Gesellschafterversammlungen geht es zu wie auf dem Kindergeburtstag. Immer hat einer zu viel und die anderen zu wenig gekriegt, und jeder quengelt und tobt."

Oft genug ist die Atmosphäre zu Beginn der Bestandsaufnahme stark belastet. Nicht selten beginnt die Familienstrategie mit einer Kernmannschaft, und die übrigen Kontrahenten finden sich erst in ihrem Verlauf vollständig ein. Und sie sehen dann, es funktioniert, es bewegt sich etwas. Die Arbeitstreffen haben also eine doppelte Funktion. Zum einen gewinnt die Familie Klarheit über ihr Potenzial als Unternehmerfamilie. Zum anderen dienen sie dazu, wieder ins Gespräch zu kommen und zwar in eine kontrollierte und moderierte Form von Gespräch. Die Arbeitstreffen dokumentieren die Fähigkeit und den Willen in einer Unternehmerfamilie, den Umgang miteinander auf ein Niveau zu heben, das die funktionierende Kooperation ermöglicht, die für eine starke Unternehmerfamilie charakteristisch ist. Eines ist vollkommen klar – das braucht Zeit. Wo jahrelang Misstrauen herrschte, werden nicht von heute auf morgen Offenheit und Vertrauen möglich sein. Aus Taktieren und Verweigerung wird nicht ohne weiteres Fairness im Sinne von Berechenbarkeit und Verlässlichkeit. In der Familienstrategie verschafft sich die Familie im Umgang miteinander schrittweise Regeln. Sie bindet sich an einen Verhaltenskodex, der das Gespräch regiert.

Auch für die Arbeitstreffen gilt: Der Appetit kommt beim Essen. Er kommt vor allem deshalb, weil dieser *Verhaltenskodex* dafür sorgt, dass die Treffen Resultate produzieren. So wie sich Menschen daran gewöhnen können, ihr Mütchen mit Verbalinjurien zu kühlen, so können sie sich daran gewöhnen, vernünftig miteinander umzugehen. In den Arbeitstreffen übt die Familie die Einhaltung der Regeln und lernt, wieder entscheidungsfähig zu werden. Für die in zahllosen Scharmützeln gestählten Kombattanten sind die Veränderungen ungewohnt und überraschend. „Komisch, heute ist keiner laut geworden. Und es ist sogar etwas dabei herausgekommen." Damit ist ein Anfang gemacht. Und peu à peu normalisiert sich die Tonlage, werden Resultate produziert, begegnen sich Familienmitglieder korrekt, schwindet die Furcht vor hässlichen Szenen. Diese positiven Ergebnisse soll die Familie dazu nutzen, einen eigenen Verhaltenskodex zu formulieren und die in der Familienstrategie praktizierten Regeln aus ihrer eigenen Tradition heraus zu modifizieren und zu ergänzen.

In der Tat ist der Wille zum Wohlverhalten in der Familie eine grundlegende Bedingung langfristiger Kooperation. Das verbürgt nicht nur die allgemeine Lebenserfahrung, sondern wird auch durch die Resultate eines Zweiges der Mathematik und Volkswirtschaftstheorie, der sogenannten Spieltheorie, bestätigt. Auf den Amerikaner Robert Axelrod gehen Forschungen über erfolgreiche Strategien dauerhafter Zusammenarbeit zurück. Müssen Individuen auf Dauer kooperieren, verspricht eine ziemlich simple Strategie, so fand Axelrod heraus, den größten Erfolg: Wie du mir, so ich dir. Dummerweise funktioniert eine solche Strategie der angemessenen Vergeltung in einer Unternehmerfamilie schlecht. Warum? Es hapert mit der Angemessenheit von Sanktionsmechanismen. Jenseits einer auch schon problematischen Isolation oder sozialen Ächtung gibt es nur unangemessene Mittel, nämlich die Wertevernichter Blockade und Konflikt.

Aus diesem Grund werden die von Axelrod jenseits der *Wie du mir, so ich dir-Strategie* postulierten erfolgversprechenden Verhaltensregeln umso wichtiger. Gedeihen wird das zarte und sensible Pflänzchen Kooperation in der Unternehmerfamilie nur mit einer gehörigen Portion guten Willens, was die Beachtung einiger Fairnessregeln voraussetzt. Die erste Regel des *Fairnesskodex* könnte lauten: *Sei konstruktiv*, das bedeutet vor allem, verstoße niemals als erster gegen Regeln. Daran schließt die zweite Regel an: *Versuche nicht zu tricksen*. Komplettiert wird der Kodex durch die dritte Regel: *Sei bereit zu verzeihen*. Zu ergänzen ist hier ... *aber nicht allzu oft*. Denn die Bereitschaft zu verzeihen darf das Gegenüber nicht zu einer Ausbeutungsstrategie motivieren. Tritt dieser Fall ein, wird ein Exit nicht zu vermeiden sein. Auf den Punkt gebracht, folgt aus diesen Regeln fairen Verhaltens in der Familie die schlichte Botschaft: Seid nett zueinander – oder trennt euch.

Bestandsaufnahme – die Generationen und ihre Aufgaben

Werte, Ziele und Rollen sind die großen Themen der Bestandsaufnahme. In der Praxis hat es sich als vorteilhaft erwiesen, dabei keinem starren Muster zu folgen. Denn in jeder Generation drückt der Schuh an einer anderen Stelle – dann aber meist an der gleichen. Aus diesem Grund verfährt die Familienstrategie generationenspezifisch. Der Gründer muss die Nachfolge in die richtigen Bahnen lenken, die Geschwister müssen die Tücken der Zusammenarbeit meistern, die Familiendynastie muss die zentrifugalen Kräfte der Entfremdung unter Kontrolle bringen.

Entsprechend stellt die Bestandsaufnahme das jeweilige Kernproblem in den Mittelpunkt. Die Gründergeneration kämpft bei der Nachfolge mit dem Rollenthema, die Geschwistergesellschaft hadert in der Zusammenarbeit mit den Zielen, und die Familiendynastie sieht sich Werteverlust und Entfremdung ausgesetzt. Die Klärung dieser Kernprobleme ist der Schlüssel zur Formulierung eines tragfähigen gemeinsamen Interesses.

Davon hängt wiederum die Fähigkeit der Familie ab, die Aufgabe ihrer Generation zu erfüllen. Für die Gründergeneration lautet die Aufgabe: *Schau nach vorne!*, für die Geschwistergesellschaft: *Werdet ein Team!* und für die Familiendynastie: *Haltet die Familie zusammen!* Was bereits im Zusammenhang mit den Einstellungsdefiziten der Generationen gestreift wurde, soll jetzt präzisiert werden. Die Einstellungsdefizite finden ihre Entsprechung in einem brüchigen gemeinsamen Interesse – und dieses verweist auf Schwächen bei Werten, Zielen und Rollen.

Gründergeneration

Für den Gründer präsentiert sich die Rollenfrage als *das* Problem der Nachfolge. Wie es darum bestellt ist, dürfte bekannt sein. Die Testamentsmisere spricht eine ebenso beredte Sprache wie die durch Fehlschlagen der Nachfolge erzwungenen Unternehmensverkäufe. Die Ursachen haben wir schon häufiger gestreift. Im Mittelpunkt dieses Ursachengeflechts steht das Naturell des Gründers. Seine Talente, die ihn so erfolgreich haben werden lassen, stellen ihm ausgerechnet da ein Bein, wo es darum geht, sein Lebenswerk in der Familie zu halten. Im Unternehmen fällt es ihm leicht, die Zukunft ins Visier zu nehmen. Geht es aber um die Nachfolge, so erweist sich die Erfüllung der Aufgabe: *Schau nach vorne!* als vertrackte Angelegenheit. Ein Unternehmen zu vererben, so viel steht fest, ist eine ungewöhnlich schwierige und anspruchsvolle Herausforderung. Und es misslingt häufig. Es beginnt damit, dass der Gründer in seiner Entscheidung nicht frei ist. Das Erbrecht setzt seiner freien Verfügung durch das Pflichtteilsrecht Grenzen. Dazu addieren sich unlösbar scheinende familiäre Zielkonflikte und daraus folgend die Neigung zur einsamen Entscheidung. Komplettiert wird das Ensemble durch seine Hoffnungen und Träume – die Nachfolge existiert allzu oft nur als Wille und Vorstellung im Kopf des Gründers. Vieles passt dann vorne und hinten nicht mehr zusammen. Und einsame Entschlüsse taugen bei einer solchen Ausgangslage kaum als Basis einer standfesten Nachfolgeregelung.

Dafür sprechen die uniformen Resultate – die gleiche Verteilung der Anteile auf die Kinder oder sogar ihr gleichberechtigter Einzug in die Geschäftsführung. Frei nach dem Motto: Wenn alle das Gleiche bekommen, kann sich keiner beschweren. Nur tritt der gewünschte Effekt nicht immer ein. Denn gerade die unreflektierte, scheinbar gerechte Verteilung von Macht und Geld ist eine prominente Ursache für das Scheitern deutscher Unternehmerfamilien. Aber auch wenn der Unternehmer bewusst und reflektiert zum Mittel der ungleichen Verteilung greift, kann die Nachfolgeregelung misslingen.

Rolf Reiter hat sich für seinen 63. Geburtstag einiges vorgenommen. Er will die Gelegenheit nutzen, seinen ältesten Sohn und designierten Nachfolger Rolf jun., 32 Jahre, als zukünftigen Chef des Unternehmens zu präsentieren. Am Vorabend des Festes nimmt ihn der Junior beiseite. Er hat in der vergangenen Woche ein Perspektivgespräch über seine Zukunft in dem internationalen Beratungsunternehmen geführt, für das er seit drei Jahren tätig ist. Ihm sei eine Position in der Firmenzentrale in New York angeboten worden. Der Vater verstehe sicherlich, dass er diese Chance wahrnehmen müsse. Es sei ja nicht für ewig. Er plane für einen Zeitraum von ca. fünf Jahren. Der Vater sei ja noch bestens in Form und mit Golf-

spielen gewiss nicht ausgelastet. Er, Rolf jun., müsse sich noch etwas Wind um die Nase wehen lassen, bevor er die Verantwortung für das Handelsunternehmen übernimmt.

Bereits vor zwei Jahren hatte sich der Junior dem Drängen des Vaters entzogen. Und das, obwohl Rolf sen. seit Jahren auf das Ziel der Nachfolge hinarbeitet. Rolf soll der Kopf der zweiten Generation sein. Das will der Senior auch gegen den Widerstand seiner übrigen Kinder durchsetzen. Ein langjähriger Freund der Familie, Partner einer Steuerberater- und Rechtsanwaltskanzlei, hat die Vertragsentwürfe im Rahmen einer geplanten vorweggenommenen Erbfolge konzipiert, wonach Rolf jun. eine deutliche Mehrheitsbeteiligung erhalten wird. Das hatte böses Blut gegeben, und nicht zu knapp.

Am Geburtstag des Vaters kommt es zum offenen Konflikt. Seine Tochter Rita, vier Jahre älter als Rolf, Lehrerin und mit dem Leiter der Kölner Niederlassung verheiratet, empfindet das erneute Zögern ihres Bruders als Affront und geht in die Offensive. Warum der Vater denn an Rolf als Nachfolger festhalte – ihr Mann sei branchenerfahren und habe sich als Führungskraft bewährt. Immer würden ihm nur Knüppel zwischen die Beine geworfen. Schon die vom Vater erzwungene Gütertrennung sei ja ein dicker Hund gewesen. Die jüngere Schwester Renate, 28 Jahre, die nach dem Abbruch ihres Studiums in der eigens für sie eingerichteten Marketingabteilung tätig ist, lehnt den Schwager auf diesem Posten strikt ab. Der jüngste Bruder Richard, 26 Jahre alt, der zurzeit mitten im Jura-Examen steckt, hat aus seinem Desinteresse am Unternehmen noch nie einen Hehl gemacht. Rolf Reiter sen. reicht es jetzt.

Die Regelung von Nachfolge und Erbe hat Rolf Reiter sen. in bewährter Manier im Alleingang entscheiden wollen. So richtig nach vorne geschaut hat er dabei nicht. Als natürlichen Verbündeten sah er Rolf jun., der sich zunächst bereitwillig gegen die Geschwister in Stellung bringen lässt. Seine Privilegierung versucht der Senior auch gegen den Widerstand der Geschwister durchzusetzen. Dabei hat er manches übersehen. An den Pflichtteilen kommt er nur mit zustimmendem Verzicht vorbei. Der Senior mag sich noch so viele ideale Nachfolgeszenarien einfallen lassen; gegen Widerstand wird er sie nicht durchsetzen können. Das hat ihm sein Anwalt natürlich gesagt. Aber nicht, wie er diese Verzichtserklärungen mit einem Minimum an Flurschaden erreicht. Rolfs Geschwister haben als Erben eine gesicherte Rechtsposition, und das bedeutet vor allem eines: Sie gehören bei der Nachfolgeplanung von Anfang an mit an den Tisch.

In der Familienstrategie würde sich das Szenario ändern. Zu Rolf Reiters Missvergnügen sind alle dabei, die er auf gar keinen Fall an der Entscheidung beteiligen wollte. Aber – wie lautet die Alternative? Die Alternative, die einerseits Resultate produziert und andererseits das Porzellan ganz lässt. Die einsame Entscheidung ist nicht die Lösung; eine Entscheidung sollte gemeinsam und im Konsens erfolgen. Eine Option, wie die Familienstrategie auf das Problem zugreift, besteht darin, das zentrale Anliegen des Seniors und die Möglichkeit seiner Umsetzung in den Mittelpunkt zu stellen. Damit gibt sie der Diskussion und dem Willensbildungsprozess in der Familie ein stabilisierendes Gerüst.

Ausgehend vom Wunsch des Seniors, das Unternehmen als Familienunternehmen zu erhalten, muss die Familie die Frage der zukünftigen Geschäftsführung klären. Das läuft auf zwei Alternativen hinaus: Soll sie durch ein Familienmitglied oder einen Fremdmanager ausgeübt werden? Die Entscheidung für ein Fremdmanagement würde auf einen Schlag ein ganzes Bündel von Fragen lösen. Der Entscheidungsdruck für Rolf entfällt ebenso wie das Thema seiner Privilegierung und gibt dem Senior Zeit für einen kontrollierten Rückzug. Entscheidet sich die Familie für die andere Lösung, ist zunächst Rolf jun. am Zug. Er ist unbestritten Familienmitglied. Hingegen ist der Status des Schwagers unklar. Seine Zugehörigkeit zur Familie Reiter müsste positiv festgestellt werden – aus guten Gründen aber lassen wir diese Frage vorläufig beiseite. Rolf jun. muss verbindlich entscheiden, ob er die Nachfolge will oder nicht – und wann. Keinem der Beteiligten ist eine Hängepartie zumutbar, ein Beharren darauf ist nach Lage der Dinge nicht akzeptabel. Eine Entscheidung hier und jetzt schafft Klarheit; sie kann auch und gerade für Rolf jun. entlastend wirken. Kann er nicht verbindlich zusagen, ob und wann er in das Unternehmen eintritt, muss er auf die Nachfolge verzichten. So wird die Familie in die Lage versetzt, Alternativen ernsthaft prüfen zu können. Schon damit produziert die Familienstrategie ein erstes Resultat, während am Ende interner Versuche mit hoher Wahrscheinlichkeit Verschleppung oder Blockade stehen.

Eine strukturierte Diskussion minimiert Konflikte, indem sie nur die Erörterung solcher Fragen zulässt, die tatsächlich zielführend sind. Diesem Punkt kommt außerordentliche Bedeutung zu. Denn ohne strukturierte Diskussion ereifern sich die Teilnehmer gerne über ungelegte Eier oder revitalisieren die Leichen im Keller der anderen. Bevor sich Rolf jun. nicht entschieden hat, braucht niemand über eine Privilegierung bei den Anteilen nachzudenken.

Konfliktträchtige Fragen ohne Not zu erörtern, belastet das Klima und erschwert die Klärung. Vielmehr gilt: Jedes Ding hat seine Zeit. Die Position des Schwagers zur Unzeit zu diskutieren, wäre verfehlt. Bevor Ritas Forderung nach Übernahme der Geschäftsführung durch ihren Mann auf die Tagesordnung gelangt und Renate auf den Plan ruft, klärt die Familienstrategie, ob in der nächsten Generation den Schwiegerkindern überhaupt eine Rolle im Unternehmen zukommen soll. In gleicher Weise bringt sie – unabhängig von der Person Renates – die Position der Gesellschafter auf den Prüfstand. Die Familie muss sich damit auseinandersetzen, ob die Mitarbeit unterhalb der Geschäftsführung gewollt sein kann. An der rechtzeitigen Klärung dieser Punkte ist letztlich allen gelegen – die Familienstrategie schafft Planungssicherheit. Und je früher das der Fall ist, desto besser. Eine Familienstrategie sollte im Idealfall erfolgen, bevor sich die Lebenspläne der Folgegeneration verfestigen oder Schwiegerkinder ins Unternehmen gelangt sind. Das vermeidet Härten – etwa den Verzicht auf bereits erlangte Positionen.

Noch ein Wort zu den Schwiegerkindern – sie kann die Familie ohnehin nicht ausklammern. Das gilt nicht nur für das ewige und ewig heikle Thema der Eheverträge. Im Zusammenhang mit der Beteiligung der Kinder am Unternehmen kommt das Thema Ehe- und Erbverträge zwischen ihnen und ihren Ehepartnern zwingend auf die Tagesordnung. Gesellschaftsrecht bricht Erbrecht, und je nachdem, wie der Gesellschaftsvertrag beschaffen ist, können Unterlassungen ernste Folgen haben. Und ganz davon abgesehen ist die Einbeziehung der Schwiegerkinder oder vielleicht zeitgemäßer: der Ehe- und Lebenspartner in den Prozess einer Familienstrategie zumindest nützlich für die Vermittlung von Werten und Zielen, an denen dem Senior gelegen ist.

Die Klärung der Rollen – Wer führt? Wer ist beteiligt? Wer gehört zur Familie? – rangiert beim Übergang von der ersten auf die zweite Generation ganz vorne. Die anderen Kernthemen – Werte und Ziele – sind demgegenüber nachrangig, aber natürlich bedeutsam für die zweite Generation. Bevor jedoch die Frage der Rollen im Übergang der Gründergeneration auf die zweite nicht geklärt ist, können die Geschwister die Frage nach dem eigenständigen gemeinsamen Interesse, die Firma als Familienunternehmen zu erhalten, nicht beantworten. Wenn die von Rolf Reiter sen. favorisierte Lösung der Beteiligung aller Kinder bei Privilegierung von und Geschäftsführung durch Rolf jun. nicht konsensfähig ist, sollte er der Versuchung widerstehen, sie mit Macht durchzudrücken. Tut er es trotzdem, werden die Geschwister ihre Herausforderung, ein Team zu werden, kaum erfüllen können. Die Familienstrategie öffnet der ersten Generation auch den Blick für das, was die zweite leisten muss. Je konstruktiver das Klima beim Übergang von der ersten auf die zweite Generation ist, desto größer ist das Selbstvertrauen der Familie in ihre Handlungsfähigkeit und damit die Chance, ebenso konstruktive Lösungen beim Übergang auf die dritte Generation zu finden. Und wenn ein Konsens bei Beteiligung aller Kinder am Unternehmen nicht möglich ist, dann muss der Senior nach anderen Lösungen suchen, auch wenn sie seinen Träumen und Hoffnungen nicht entsprechen. Aber er sollte eine standfeste Lösung finden, im Interesse der Familie, aber auch des Unternehmens. Wenn der Gründer seiner Familie diese Chance gibt, dann hat er seine Aufgabe: *Schau nach vorne!* erfüllt.

Geschwistergesellschaft

Dient die Familienstrategie in der Gründergeneration der vorausschauenden Planung der Nachfolge, so dient sie in der Geschwistergesellschaft der Folgenbewältigung, wenn eine solche Planung unterblieben ist. Denn dieses Versäumnis erschwert es den Geschwistern, ein Team zu werden. Sind in der Gründergeneration die Rollen das dominierende Thema, so sind es in der Geschwistergesellschaft die Ziele.

In aller Regel ist aus dem Alleingesellschafter eine Gruppe von Gesellschaftern geworden. Das hat zwei Ursachen. Erstens repräsentiert das Unternehmen den bedeutendsten Vermögenswert, und zweitens ist dieser Vermögenswert im Erbgang unreflektiert gleich verteilt worden. Oft genug handelt es sich nicht nur um eine Gruppe gleichberechtigter Gesellschafter, sondern sogar um gleichberechtigte Geschäftsführer. Die konfliktminimierende Gleichverteilung von Geld und Status ist, wie bereits gesagt, aus der Sicht des Gründers verständlich. Nur führt, was kurzfristig als Konfliktvermeidung funktioniert, auf Dauer zum Gegenteil. Je mehr Menschen eine Beteiligung halten, desto größer ist der Abstimmungsbedarf zwischen ihnen. Das kompliziert die Formulierung von Zielen. Diese aber sind unverzichtbar. Sie allein füllen das Orientierungsvakuum, das der Tod des Gründers hinterlässt. Sie müssen die von den Geschwistern selbst geschaffene Richtlinie zukünftigen Handelns werden. Vor allem kommt es darauf an, dass die Geschwister diese Ziele tatsächlich selbst festlegen und formulieren. Nur wenn sie dazu imstande sind, ist Kooperation auf Dauer möglich. Weichen sie aus oder scheitern sie, ist eine dauerhafte Zusammenarbeit unwahrscheinlich.

Ist die Formulierung von Zielen schon für die Gesellschafter nicht ganz einfach, so sind die Anforderungen nochmals höher anzusetzen, wenn sie gemeinsam die Geschäftsführung ausüben. Denn dieses in der Praxis so häufige Modell erhöht den Abstimmungsdruck zusätzlich. Es bedeutet, sich Mehrheitsentscheidungen zu beugen, gelegentlich zu unterliegen, nicht immer den eigenen Kopf durchsetzen zu können – die Aufgabe eines Gesellschafters lautet, um ein populäres Stichwort aus dem Management-Deutschen zu bemühen: Disagree and commit. Dazu liefern wiederum gemeinsame Ziele die nötige Akzeptanz, sie versachlichen. Sind Ziele vorhanden, werden Entscheidungen Resultat vernünftigen Kalküls oder zumindest nachvollziehbar. Sie erscheinen nicht willkürlich – ein Eindruck, der sonst rasch entsteht. An die Stelle souveräner Entscheidungen des Gründers tritt in der Geschwistergesellschaft die Entscheidung durch Mehrheit für den Fall, dass eine Konsenslösung nicht möglich ist. Eine Familienstrategie hilft an dieser Stelle, überhaupt die entscheidenden Fragen zu stellen: Können und wollen wir ein Team sein? Können wir uns auf gemeinsame Ziele verständigen? Wo wollen wir das Unternehmen hinführen? Ist der Erhalt des Unternehmens als Familienunternehmen in der bestehenden Struktur möglich? Die Beantwortung dieser Fragen gibt zugleich Auskunft darüber, ob die Geschwistergesellschaft imstande sein wird, einen weiteren Schritt über das Familienunternehmen hinaus zur starken Unternehmerfamilie zu tun.

Hubert, Hans, Heinrich und Hannelore Häbel halten zu je 25 % Anteile an dem in zweiter Generation bestehenden schwäbischen Maschinenbauunternehmen Hubertus Häbel GmbH. Während Hubert bei einem internationalen Hausgerätehersteller Karriere macht und dort als heißer Anwärter auf die oberste Führungsebene gilt, hat der Senior seinen Geschwistern einen Platz im eigenen Unternehmen gegeben. Hans und Heinrich sind nach kaufmännischer Lehre bzw. Studium der Betriebswirtschaftslehre an einer privaten Wirtschaftsakademie als Assistenten des Firmenpatriarchen in das Unternehmen eingestiegen. Hannelore ist Diplom-Psychologin und Leiterin des Personalwesens. Beim Tod des Vaters kann sich Heinrich, der Favorit der Mutter, gegen die skeptischen, aber letztlich indifferenten Geschwister durchsetzen. Innerhalb von vier Jahren führt er das Unternehmen an den Rand der Insolvenz. Heinrich ist als Chef nicht mehr zu halten. Auf Drängen der Mutter rückt er in den neu eingerichteten beratenden Beirat. Sie schafft es auch, Hubert zu überreden, das angeschlagene Unternehmen wieder auf Kurs zu bringen. Hans und Hannelore, die sich mit ihrem zielstrebigen und durchsetzungsfähigen Bruder noch nie gut verstanden haben, beugen sich erneut dem mütterlichen Diktat. Als Trostpflaster rücken auch sie in die Geschäftsführung auf. Nach dem Willen der Mutter sollen die Geschwister das Unternehmen mit vereinten Kräften retten. Und es gelingt. Nach fünf Jahren steht die Hubertus Häbel GmbH glänzend da. Beim Tod der Mutter aber tritt zutage, wie weit es mit dem oft beschworenen Teamgeist der Geschwister her war. Schon zu ihren Lebzeiten erwies sich Hubert seinen Geschwistern deutlich überlegen. Durchsetzungsbegabt und energisch wie er ist, überging er sie regelmäßig und war de facto Alleingeschäftsführer. Jetzt mucken nicht nur die Geschwister in der Geschäftsführung auf. Heinrich, der mittlerweile ein esoterisch angehauchtes Management-Training auf Gomera betreibt, lässt keine Gelegenheit aus zu intrigieren. Sand gerät in das so gut geschmierte Getriebe der Firma. Hubert wird mehr und mehr gezwungen, Hans und Hannelore einzubeziehen und sich Heinrichs neueste Erkenntnisse anzuhören. Beides kostet ihn Kraft und Nerven. Er kapselt sich immer weiter ab, wird unleidlicher und ruppiger im Umgang. Aber Hubert hat ein klares Ziel vor Augen: Er sieht die Hubertus Häbel GmbH als Mitspieler im Weltmarkt. Dazu braucht er eine leistungsfähige Firmenspitze. Nach seinen Plänen soll zukünftig ein Fremdmanager gemeinsam mit ihm die geplante Expansion durchführen. Als er die Geschwister darüber informiert, fallen diese angesichts der Reichweite der Pläne aus allen Wolken und kündigen ihren Widerstand an.

Die Geschwister Häbel stecken in einem Dilemma, in das sie sich nur zu einem Teil selbst verschuldet manövriert haben. Die tatsächlichen Ursachen liegen tiefer. Sie liegen zunächst einmal in der Geschichte der Hubertus Häbel GmbH. Der Senior hat nicht nach vorne geschaut. Das Dilemma der Familie Häbel ist nicht Folge bösen Willens. Ihm liegen positive Absichten zugrunde: elterliche Fürsorge, Opferbereitschaft und Zusammenstehen der Familie in Krisenzeiten. Das Resultat aber ist paradox. Lautere und begrüßenswerte Motive führen nicht unbedingt zu einem guten Ergebnis. Sie waren nicht Bestandteil einer Strategie, sondern situationsopportune Einzelaktionen. Da ist es kein Wunder, das unbeabsichtigte Nebenfolgen auftreten. Aber schauen wir weiter.

Die Geschwister weichen ihrer Aufgabe, Team zu werden und wirklich eigene gemeinsame Ziele zu formulieren, nach dem Tod des Vaters erfolgreich aus. Damit begeht die Familie Häbel einen zweiten Fehler. Die Gefahren naturwüchsiger Prozesse, die passiv hingenommen und nicht aktiv gestaltet werden, bergen für Unternehmerfamilien große Risiken. Der Gründer hat mit der Gleichverteilung seines Erbes schon den Entscheidungsprozess auf der Eigentümerseite mit einer erheblichen Hypothek belastet. Die Mehrheit in diesem Kreis ist nur über eine Dreiviertel-Mehrheit zu haben, ansonsten regiert das Patt. Das heißt, im Zweifelsfall wird gar nichts passieren – für die Steuerung eines Unternehmens ein bedenklicher Zustand. Auch eine durch objektive Kriterien fundierte und geregelte Führungsnachfolge – etwa ein Anforderungsprofil für die Geschäftsführung – existiert nicht.

Nach dem Tod des Vaters wird die Mutter zur integrierenden und ordnenden Kraft. Durch ihre Protektion rückt Heinrich in die Führung. Im Prinzip ist diese Ein-Mann-Geschäftsführung – wäre Heinrich denn auch qualifiziert – durchaus das richtige Führungsmodell – nur hat die Familie die Vorteile nie reflektiert und die Konsequenzen für die Geschwistergesellschaft geprüft. Die Ein-Mann-Spitze reduziert Komplexität und macht Teamarbeit nur auf der Gesellschafterebene notwendig. Ebenso unreflektiert bleibt auch das Verhältnis zu den Geschwistern Hannelore und Hans auf den nachgeordneten Hierarchieebenen des Unternehmens. Das Ganze funktioniert allein durch mütterliche Autorität. Für den Frieden sorgt nach dem Tod des Vaters die Mutter, das neue Familienoberhaupt. Statt sich zu emanzipieren, unterwerfen sich die Geschwister dieser Autorität. Für den Augenblick wirkt das entlastend – niemand muss in eigener Verantwortung zu Teambildung und gemeinsamer Formulierung von Zielen beitragen. Dabei wären aber gerade solche Ziele der neue gemeinsame Nenner, auf den sich die Geschwister verpflichten könnten. Sie würden das Orientierungsvakuum füllen, das der Tod des Vaters hinterlässt.

Die Mutter bewährt sich auch, als Heinrich nicht reüssiert. Nicht nur, dass sie für den halbwegs ehrenvollen Abgang ihres Favoriten sorgt, sie schafft es sogar, den fähigsten Kopf der Familie, Hubert, an der Ehre zu fassen und zum Verzicht auf seine Karrierepläne zu überreden. In Hinblick auf die bedrohliche Lage des Unternehmens akzeptiert Hubert zudem das Modell der Teamgeschäftsführung, wohl vertrauend darauf, dass die normative Kraft des Faktischen – und damit er – sich schon durchsetzen werde.

Der Tod der Mutter offenbart die Brüchigkeit dieses Kalküls. Was die Mutter durfte, jeden an seinen Platz stellen und Huberts Alleinherrschaft als erfolgreiche Teamgeschäftsführung zu deuten, geht jetzt nicht mehr. Und dem Wegfall der integrierenden Kraft folgt der Konflikt auf dem Fuß. Was die Mutter konnte, müssen die Geschwister nun aus eigener Kraft leisten. Aber genau dazu ist niemand in der Lage. Die Legitimation zu ordnen, beruht nicht allein auf Energie und Fähigkeiten, sie beruht auf Status. Keiner der Geschwister hat den Status, die Stellung der Mutter einzunehmen – also die Kompetenz, den anderen Platz und Funktion zuzuweisen. Wo kein Status mehr Legitimation verschafft, müssen Strukturen her. Denn nach dem Tod der Mutter sind alle gleich. Und alle sind zur Kooperation verdammt. Das muss auch Hubert, der Visionär, lernen, der die Firma als globalen Spieler etablieren will und damit zugleich über die Stellung der Geschwister verfügt. Da wo er die Firma hinführen will, gibt es für Hans und Hannelore keinen Platz in der Geschäftsführung. Unternehmerisch verhält sich Hubert durchaus richtig. Er formuliert Ziele, und er verfügt über die Fähigkeiten und die Energie, diese zu erreichen. Aber er ist nicht der Gründer, und er tut gut daran, seinen Vater als Firmenpatriarchen nicht kopieren zu wollen. Er ist Teil eines Teams, das muss er begreifen. Ziele kann er nur gemeinsam mit seinen Geschwistern formulieren.

Die Bestandsaufnahme einer Familienstrategie leistet exakt das hier Skizzierte: Sie konfrontiert die Beteiligten also mit den Konsequenzen des Legitimationsproblems in der Geschwistergesellschaft. Um dieses Vakuum zu füllen, müssen angemessene Strukturen geschaffen werden. Dazu macht die Familienstrategie den Geschwistergesellschaftern die soeben dargelegten Mechanismen transparent, die ihr Handeln bestimmen. Auf dieser Grundlage kann sie zu einem Ausgleich der Interessen beitragen und Modelle für eine zukünftige Zusammenarbeit oder vermögenserhaltende Ausstiegsszenarien entwickeln.

Werdet ein Team! heißt für die Familie zuallererst, diese fundamentale Veränderung bei Führung und Beteiligung zu begreifen. Die zentrale Kategorie für erfolgreiches Handeln von Geschwistern ist Legitimation durch Konsens. Huberts Erfolg allein reicht nicht aus. Natürlich gäbe es das Unternehmen nicht mehr ohne ihn, und Schwester und Brüder verdanken ihm ihre gegenwärtige Position: Alle sind ja zumindest formell im Unternehmen operativ oder beratend tätig. Daran knüpfen sich Einkommen und Status. Vor allem aber gilt jenseits der Tätigkeit im Unternehmen: Alle Geschwister haben Anteile, alle Geschwister haben Rechte an der Gesellschaft, alle haben das Recht, etwas zu sagen.

Die maßgebliche Aufgabe, globale Vorgaben für die Geschwistergesellschaft und das Unternehmen zu entwickeln, kommt hier allen zu. Anders verhält es sich mit der Unternehmensstrategie. Sie ist Aufgabe der Geschäftsführung, die ihrerseits von der Zustimmung der Gesellschafterversammlung abhängt. Im Fall der Hubertus Häbel GmbH liegt sie bereits auf dem Tisch. Hubert will expandieren und die Firma weltweit etablieren. Aber wo wollen die Geschwister das Unternehmen hinführen? Werden sie zustimmen? In welchen Strukturen lässt sich diese Strategie verwirklichen? Unter Huberts Regie? Mit einem Fremdmanagement? Trauen die Geschwister sich als Eigentümer des Familienunternehmens einen solchen Schritt überhaupt zu? Bleiben sie an Bord oder sollten sie über einen Verkauf nachdenken?

Bleiben sie an Bord, so ist eines klar: In der Geschwistergesellschaft müssen die Beteiligten – ob als Gesellschafter oder geschäftsführende Gesellschafter – Kompromisse machen. Kompromisse unter Geschwistern sind nur bei Verpflichtung auf ein gemeinsames Ziel möglich. Einmal unterstellt, die Geschwister Häbel finden sich dazu bereit, Huberts Ziel zu teilen. Dann bestehen Kompromisse im Geben und Nehmen von Vor- und Nachteilen. Die Beteiligten machen quasi ein Geschäft miteinander. Alle müssen bezahlen, und nichts ist umsonst. Aber unter dem Strich stehen alle besser da, als wenn sie sich einer dauerhaften Zusammenarbeit verweigert hätten. Hubert kann sich dann als Unternehmer bewähren und seine Vision verwirklichen. Dabei wird er jedoch niemals völlig frei in seinen Entscheidungen sein, sondern abhängig von der Legitimation seiner Geschwister. Sie dagegen nehmen Einbußen bei Status und Selbstverwirklichung hin – aus der Einsicht heraus, dass Hubert ihr Unternehmen am profitabelsten führen und ihren Wohlstand sichern kann. Dieses Geben und Nehmen gewinnt seinen Sinn allein aus dem Ziel. Ohne das gemeinsame Ziel ist Huberts Vision nur ein rüdes Hinausdrängen seiner Geschwister aus der Führung.

Auch wenn die Geschwister keine gemeinsamen Ziele finden können, ist der Aufwand der Familienstrategie nicht vertan. Ist ein dauerhaftes Miteinander nicht möglich, fällt nach einer solchen Klärung ein Ausstieg leichter. Denn eine Exit-Lösung setzt ebenfalls – wenngleich begrenzt – Kooperation voraus. Ein Family-Buy-out, eine Realteilung wird leiser, moderater und ressourcenschonender durchzuführen sein als eine Auseinandersetzung im Konflikt, die mit einem großen Knall und jahrelangen Rechtsstreitigkeiten endet.

Die Familienstrategie bewährt sich in der zweiten Generation wiederum als ordnendes Verfahren, indem sie die Reihenfolge, in der die Probleme behandelt werden, strukturiert. Sie ermöglicht, den gemeinsamen Nenner des Geschwisterteams zu finden. Denn bevor keine Einigkeit über die Ziele für Familie und Unternehmen besteht, braucht niemand über die Rollenverteilung nachzudenken. Bevor zwischen den Geschwistern nicht klar ist, ob die Hubertus Häbel GmbH in der deutschen oder der internationalen Liga spielen soll, ist es müßig, die Rollen der Beteiligten zu erörtern. Ob zum Beispiel die operative Ebene durch Gründung einer Holding entlastet werden soll, die Huberts Geschwistern den Status als Geschäftsführer sichert, setzt eine entsprechende fundamentale Zielentscheidung voraus. Genauso verhält es sich mit Planspielen, welche die Besetzung und Rechte des Beirats zum Gegenstand haben.

So verlockend und verständlich es für die Beteiligten sein mag, flugs auf das Rollenthema zu kommen – so sicher endet dies in der Sackgasse. Der Weg über die Rollen führt zu einer Fokussierung auf die Eigeninteressen und akzentuiert den Entscheidungsprozess falsch. Denn auch in der Geschwistergesellschaft geht es um ein tragfähiges gemeinsames Interesse. Nur der Einstieg über die gemeinsamen Ziele sichert eine zutreffende Abbildung der tatsächlichen Verhältnisse und damit die Basis für Rollen und Werte. Also: *Werdet ein Team!*

Familiendynastie

Beim Gründer haben die Rollen im Vordergrund gestanden, bei der Geschwistergesellschaft die Formulierung gemeinsamer Ziele. Bei der Familiendynastie verschiebt sich der Fokus nochmals. Und wie bei den Geschwistern der Vorrang der Ziele nicht prima vista einleuchtend erscheint, verhält es sich auch dort. Ab der dritten Generation tritt das Thema der Werte in den Mittelpunkt. Was die Ziele für die Handlungsfähigkeit einer Geschwistergesellschaft sind, bedeuten die Werte für eine Familiendynastie. Sie sind deshalb so wichtig, weil Zersplitterung und Entfremdung den Blick auf das gemeinsame Interesse verstellen. Ohne über Werte Klarheit zu haben, wird die Erörterung von Sachfragen mit hoher Wahrscheinlichkeit zu keinem Ergebnis führen. Denn die Werte sind die gemeinsame Basis, über die eine Familiendynastie in die Lage versetzt wird, Ziele zu formulieren, Rollen zu besetzen und Sachfragen zu klären. Wenn die Familie nicht weiß, was sie verbindet, stellt sich schnell die Frage nach dem Sinn des gemeinsamen Investments im Unternehmen. Unter Umständen bietet dann ein Investment in einer Publikumsgesellschaft Vorteile. Es ist nicht von Emotionen belastet, und es ist vor allem fungibler.

Daraus folgt: Die Werte einer Dynastie sind im Rahmen einer Familienstrategie vorrangig zu klären. Sie sind das Fundament gemeinsamen Handelns, und fehlt es, dann entfällt – zugespitzt formuliert – die gemeinsame Geschäftsgrundlage. Sind die Werte in einer Familiendynastie vorhanden, macht erstens die Beteiligung am Unternehmen Sinn. Zweitens gibt es den Gesellschaftern die Chance, dem Unternehmen ihren Stempel aufzudrücken, es zu prägen. Dann wird eine Familiendynastie ihre Aufgabe: *Haltet die Familie zusammen!* erfüllen können. Aus diesem Grund setzt die Familienstrategie hier an. Sie stößt dabei aber auf erhebliche Schwierigkeiten.

Denn in der Praxis erscheint diese Vorgehensweise der Familie wenig plausibel. Es fehlt an einem Bewusstsein für die Bedeutung der Werte. Das Ausklammern solcher Fragen und das Beharren auf Sachproblemen erscheint den Beteiligten völlig rational und angemessen. Sie erblicken darin jene Versachlichung, von der sie sich am ehesten einen Konsens erhoffen. Aber hier reproduziert sich das von der Geschwistergesellschaft bekannte Muster: So wie das Fehlen von Zielen scheinbar reine Sachfragen mit Emotionen auflädt, so führt in Familiendynastien das Fehlen von Werten zum nämlichen Ergebnis. Trotzdem neigen sie dazu, Sachfragen ohne Rekurs auf die sie verbindenden Werte zu regeln: Sachfragen wie die Auswahl des nächsten Geschäftsführers, die Revision des Gesellschaftsvertrages, die Übernahme eines Mitbewerbers. Ohne den Rückgriff auf die Werte fehlen dem Entscheidungsprozess die Richtung und der Maßstab, erscheinen Resultate als beliebig bis hin zur Willkür. Mit auf Dauer unerfreulichen Folgen – denn von da ist es nicht weit bis zur Blockade von Entscheidungsprozessen oder zur Vergeltung Auge um Auge, Zahn um Zahn.

Der vergebliche Versuch, Sachfragen zu regeln, bevor die gemeinsame Basis klar ist, hat in schwachen Familiendynastien selbstzerstörerische Wirkung. Typischerweise sind die Mitglieder solcher Dynastien ohne weiteres imstande anzugeben, was sie von den anderen trennt, nicht aber, was sie verbindet. Starke und damit handlungsfähige Unternehmerfamilien werden von einem lebendigen Wertesystem geprägt. Das stärkt das gemeinsame Interesse und erleichtert der Familie die Verpflichtung auf Ziele und die Besetzung von Funktionen.

Die Clemens Castorp GmbH, ein niedersächsischer Hersteller von Farben und Lacken in dritter Generation, leidet schon seit Jahren an der Zersplitterung der Gesellschaftsanteile und der daraus resultierenden schwierigen Willensbildung.

Drei Stämme mit insgesamt 12 Gesellschaftern versuchen seit eineinhalb Jahren vergeblich, sich auf einen Nachfolger für den Alleingeschäftsführer Clemens jun. zu verständigen. Clemens jun., mittlerweile 67 Jahre alt, steht an der Spitze des zahlenmäßig stärksten Stammes – er hat fünf Kinder. Den Stamm des verstorbenen Bruders Christian vertreten seine beiden Söhne. Mit dem noch lebenden dritten Bruder Christoph an der Spitze bringt es dessen Stamm auf vier Vertreter. Clemens jun. favorisiert ein Fremdmanagement. Unter seinen Kindern sind die

Ansichten geteilt. Der Stamm Christian ist einheitlich der Meinung, dass man dann doch gleich verkaufen könne. Christoph hofft, seinen ältesten Sohn als Geschäftsführer durchzusetzen. Nachdem er gegenüber seinem Bruder Clemens zurückgestanden hat, sei es nun an seinem Stamm, den Geschäftsführer zu stellen. Die zum Leidwesen des Gründers schon zwischen den Brüdern entstandenen Animositäten prägen auch den Umgang der Cousins und Cousinen. Obwohl in einer Stadt gemeinsam aufgewachsen, haben weder Schule noch Sportvereine geholfen, den Abstand untereinander zu verringern. Allein eine eherne Gewissheit verbindet die Stämme: „Die wollen uns über den Tisch ziehen", ist als stehende Redewendung allen geläufig. Innerfamiliär gelten bereits gelungene Terminvereinbarungen als Nonplusultra konstruktiven Miteinanders. So ist es nicht verwunderlich, dass bei Clemens jun. Tod die Nachfolgefrage immer noch offen ist. Nachdem es im Gesellschafterkreis mehrfach zu heftigen Zusammenstößen gekommen ist, macht sich Resignation breit: „Das hat doch alles keinen Sinn mehr."

Ursache des hier beschriebenen Konfliktes ist ein starres Stammesdenken – ein in deutschen Unternehmerfamilien weit verbreitetes Phänomen. Spätestens in der dritten Generation kräftig ausgeprägt, sind seine Ursachen meist früh erkennbar. Auch Clemens Castorp sen. konnte diese Entwicklung absehen: seine Kinder kamen seit eh und je schlecht miteinander aus. Mit dem Stammesdenken kommt ein Faktor ins Spiel, der Sachfragen immer wieder durch Proporzerwägungen belastet. Der Rationalität von Entscheidungen bekommt es naturgemäß schlecht, wenn stammestaktische Machtkalküle hineinspielen. Die primäre Loyalität gegenüber dem Stamm statt gegenüber dem Gesamt der Familie potenziert zwangsläufig die Gefahr von Konflikten und suboptimalen Lösungen. Mag im vorliegenden Fall die Situation der zweiten Generation so schwierig gewesen sein, dass nur eine Thronfolger-Lösung infrage gekommen wäre, lässt sich doch aus dem Beispiel eine allgemeine Schlussfolgerung ziehen. Schon der Gründer sollte nach vorne schauen und darauf hinwirken, anstelle des Stammesprimats ein Denken zu etablieren, das die Loyalität zur gesamten Familie und ihrem gemeinsamen Vermögen zum Bezugspunkt hat. Damit wird eine Entscheidungskultur eingeübt, die es künftigen Generationen leichter machen wird, Sachentscheidungen auch sachgerecht treffen zu können. Träger einer solchen Kultur ist der Kanon gemeinsamer Werte.

Über Ziele und Rollen nachzudenken wird misslingen, wenn die Familie nicht imstande ist, diesen Kanon zu formulieren. Wo Entfremdung eingesetzt hat, wo Misstrauen regiert, wo nicht mehr klar ist, was die Familie verbindet, müssen Bestehen und Tragfähigkeit der Basis grundsätzlich überprüft werden. An Zeit hat es nicht gefehlt. In den vergangenen Jahren hat die Familie Castorp, statt auf Lösungen hinzuarbeiten, einen Verschiebebahnhof für drängende Probleme betrieben. Jetzt ist der Ernstfall eingetreten, und die Erkenntnis macht sich breit, woran es tatsächlich fehlt: am Sinn. Den Weg aus dieser Orientierungslosigkeit bietet die Richtschnur gemeinsamer Werte.

Anknüpfungspunkt kann für die Castorps zunächst der kleinste gemeinsame Nenner bieten, nämlich ein Familienunternehmen zu sein. Nur bei einer ernsthaften Verständigung auf diesen Wert kann vorläufig das Ziel formuliert werden, den Erhalt als Familienunternehmen mit Hand und Tat zu sichern. Ob diese Basis ausreicht, eine Kooperation auf Dauer installieren zu können, ist freilich zweifelhaft. Die Familie wird wohl eine breitere Basis benötigen, um Personalfragen diskutieren und Rollen verteilen zu können. Aber um dahin zu kommen, muss die Familie zunächst eines akzeptieren: Spätestens ab der dritten Generation führt der Weg vom Allgemeinen zum Konkreten, müssen zuerst die Werte, dann die Ziele und zum Schluss die Rollen geklärt werden. Die Werte sind die Rückzugsposition, von der aus eine Familie im Konfliktfall wieder zur Gemeinsamkeit finden kann. Diese Funktion können die Werte umso besser erfüllen, je stärker sie als emotionaler Integrationsfaktor wirken.

Die Sackgasse, in der die Gesellschafter der Castorp GmbH stecken, ist maßgeblich Folge einer verengten Wahrnehmung. Von Clemens jun. und einem Teil seines Stammes abgesehen, können sich die Gesellschafter die Führung des Unternehmens durch die Familie nur als Geschäftsführung durch einen Gesellschafter vorstellen. Diese Sicht der Dinge machen sich in der Praxis die meisten Unternehmerfamilien zu eigen. Wie sonst soll die Familie auf das Unternehmen Einfluss nehmen? Aber gerade diese scheinbar sachgerechte Einschätzung führt zu unerwünschten Folgen. Wenn Führung tatsächlich synonym mit operativer Führung ist, werden die Stämme immer um dieses knappe Gut konkurrieren. Der Kampf der Stämme um eine so verstandene Führung begrenzt die Zahl der möglichen und favorisiert unter diesen die schlechteren Lösungen.

Eben diese Gefahr droht der Familie Castorp: Die Lösung der Nachfolgefrage wurde durch die Blockade der Stämme verschleppt. Auf Christophs ältesten Sohn hat die Familie sich nicht verständigen können. Die Voraussetzungen für die gängige Kompromisslösung einer kollektiven Führung durch jeweils einen Stammesvertreter sind ebenfalls denkbar schlecht. Schon die zweite Generation ist kein Team gewesen. Der dritten Generation – im gegenseitigen Misstrauen aufgewachsen – fehlen alle Voraussetzungen, in einer so konfliktgeneigten Konstellation zu bestehen. Dabei ist die Verengung auf diese beiden Szenarien nicht zwingend. Ist in der Familie ein Bewusstsein für die gemeinsamen Werte vorhanden oder zu schaffen, wird auch eine andere Form von Führung des Unternehmens denkbar. Eine freilich reduzierte Form von Führung, aber nach Maßgabe der Umstände vielleicht die einzig verbleibende: die Führung durch Werte.

Werte können auch einem Fremdmanagement den Rahmen vorgeben, in dem dieses den Willen der Familie ausführt. Und Werte können das gesamte Unternehmen als Unternehmensphilosophie und Corporate Identity prägen. So wird eine Führung durch die Familie aus ihrer Stellung als Gesellschafter denkbar – und gelingt umso besser, je mehr Klarheit über sie besteht. Auch Führung durch geteilte Wertüberzeugungen der Gesellschafter kann ein Unternehmen prägen, kann ihm Gesicht und Charakter verleihen. Die Familie Porsche ist Anfang der 70er-Jahre bei ihrem Sportwagenhersteller diesen Weg gegangen, obwohl mit Ferdinand Piëch bereits ein Hoffnungsträger aus den eigenen Reihen erfolgreich im Unternehmen tätig war. Der Verzicht auf diese im Verlauf seiner Karriere glänzend bestätigte Führungskraft war für die Familie und das Unternehmen Porsche mit Sicherheit schmerzlich, aber ebenso sicher erfolgreich gewesen, weil Stammesrivalitäten mit ihren bekannten Folgen dadurch ausgeschlossen wurden. Bei der Familie Haniel hat sich der Verzicht auf operative Führung und sogar auf Mitarbeit im Unternehmen seit vielen Generationen als Entlastungsstrategie bewährt.

Bandbreite und Potenzial der Werte haben wir im Zusammenhang mit der Bestandsaufnahme bereits näher untersucht. Ihre prägende Kraft ist bei einem Gründer ohne weiteres auszumachen – das Unternehmen ist sein Spiegelbild. Jeder erkennt seine Handschrift an allen Ecken und Enden. Der genialische Tüftler ohne kaufmännische Interessen wird sein Unternehmen ebenso prägen wie der bis in die Haarspitzen rationale Ökonom, der kühle Stratege oder der hemdsärmelige Macher. Man kann es dem Unternehmen und der Unternehmenskultur auf den ersten Blick ansehen. Was ist es, wodurch der Gründer sein Unternehmen prägt? Es sind seine Tatkraft, seine Überzeugungen, seine Herkunft, seine Ideen, seine Visionen. Das intuitive Gefühl dafür, was man tut, und was man nicht tut. Was richtig und falsch ist. Die Werte, die für ihn und seinen Erfolg wichtig sind. Für den Gründer waren sie wichtig, sie sind es heute, und sie werden es morgen sein. Als Identität stiftendes Moment bekommen sie Jahrzehnte nach dem Gründer eine zusätzliche Funktion. Sie werden zum Fundament, das der Vielzahl der Mitglieder einer FamiliendynastieOrientierung, Steuerungsvermögen und Planungssicherheit vermittelt. Sie helfen der Familie, das Unternehmen dauerhaft als Familienunternehmen zu führen. Und sie sind der gemeinsame Nenner des familiären Zusammenhalts. Auch aus diesem Grund können Familiendynastien nicht auf sie verzichten: Ab der dritten Generation erfordert die Aufspaltung in Stämme und die schiere Zahl der Familienmitglieder feste Strukturen, in denen sich die *Familie selbst* organisieren und entscheiden kann.

Diese Strukturen *jenseits der Gesellschafterversammlung* ins Leben zu rufen und zu pflegen, gelingt erst auf der Basis eines Selbstverständnisses, das auf gemeinsamen Werten fußt. Werte helfen einer Familiendynastie, Zutrauen zum eigenen Gestaltungsvermögen zu fassen und den Sinn für das gemeinsame unternehmerische Engagement zu entwickeln. Vor diesem Hintergrund wird klar, warum die Blockade in einer zersplitterten Familiendynastie nur durch Werte überwunden werden kann. Ohne gemeinsame Basis drohen Sachfragen zu Glaubensfragen zu werden, münden Nachfolgediskussionen in persönliche Affronts.

Werte ersetzen in der Familiendynastie die autoritätsbeglaubigte Instanz des Gründers. Und sie sind der erste Schritt zu einer Family Governance in der Familie. Legitimes Handeln in der Familiendynastie ist an eine solche Governance gebunden. Sie hebt das gemeinsame Interesse in das Bewusstsein der Familienmitglieder und liefert ihnen so einen Maßstab bei der Entscheidung von Sachfragen. Auch hier gilt: Man wird es nicht jedem Familienmitglied recht machen können. Aber geordnete Verfahren sichern mehr Akzeptanz als willkürliche Einzelfallentscheidungen. Und ein Weiteres: Beim Übergang auf die dritte Generation gewinnt die Frage an Bedeutung, ob aus einem Familienunternehmen tatsächlich eine Unternehmerfamilie werden kann. Dazu gehört nicht nur die Reform der Entscheidungsstrukturen, sondern oft auch eine Umstrukturierung des Familienvermögens. Das Familienunternehmen ist zu diesem Zeitpunkt bereits häufig nur noch ein Faktor, aber nicht mehr das Vermögen selbst. Unterstützt durch das Schwinden der emotionalen Bindung wird das Unternehmen selbst zur disponiblen Größe. Fällt durch den Verkauf ein wichtiger integrierender Faktor einer Dynastie aus, ist eine kooperative Vermögensstrategie – so sie wirtschaftlich sinnvoll ist – auf ein leitendes gemeinsames Interesse unbedingt angewiesen. Erst von daher erschließt sich der Sinn eines gemeinsamen Engagements, lassen sich Art und Weise des zukünftigen Engagements, das Risikoprofil, die Renditeerwartung etc. bestimmen.

Fassen wir die Funktion der Bestandsaufnahme für die Entwicklung der Handlungsfähigkeit noch einmal zusammen. Sie thematisiert die ideellen Grundlagen der familiären Zusammenarbeit und erlaubt so ein begründetes Urteil über Umfang und Intensität des gemeinsamen Interesses. Damit gibt die Familienstrategie Unternehmerfamilien in jeder Generation die Chance, das zu entwickeln, was ihre Zukunft sichert. Jede Generation neigt dazu, das Pferd falsch herum aufzuzäumen. Jede Generation ist versucht – „Wir sind ja schließlich vernünftige und rational handelnde Menschen" –, Sachfragen abgelöst vom verbindenden Moment – dem gemeinsamen Interesse – einseitig als solche zu behandeln und darüber die Brisanz der Emotionen zu verkennen, die sich mit ihnen verbinden. Die Probleme, die sich jeder Generation stellen, von der richtigen Seite anzugehen und standfeste Resultate herbeizuführen, ist Zweck der Familienstrategie.

Den Gründer, der die Aufgabe des *Schau nach vorne!* wirklich einlösen will, leitet sie an, die Frage der Rollen in das Zentrum zu rücken. Die Geschwistergesellschaft – *Werdet ein Team!* – fokussiert sie auf die Klärung der Ziele. *Haltet die Familie zusammen!* sichert die Zukunft der Familiendynastie, indem sie den Akzent auf die gemeinsamen Werte legt.

Richtungsentscheidungen 8

Die Bestandsaufnahme einer Familienstrategie ist nicht Selbstzweck, sie zielt auf Resultate ab. Ihre Ergebnisse dienen dazu, Entscheidungen herbeizuführen, und zwar gemeinsame Entscheidungen größter Tragweite. Unmittelbares Resultat der Bestandsaufnahme ist die Gestaltung des zukünftigen Verhältnisses von Unternehmen und Familie – die Richtungsentscheidung. Damit kommt der familienstrategischen Richtungsentscheidung eine noch grundsätzlichere Bedeutung als jeder unternehmensstrategischen Entscheidung zu, nämlich ob, wie und in welchem Rahmen die Zukunft von Familie und Unternehmen gestaltet wird.

Die Zukunft hängt vom tatsächlichen Kooperationspotenzial einer Unternehmerfamilie ab, und die Bestandsaufnahme hat dieses Potenzial sichtbar gemacht. Es besteht in den Gemeinsamkeiten bei Werten, Zielen und Rollen. Sie liefern zum einen die Grundlage der Richtungsentscheidung. Zum anderen geben sie den Rahmen vor, in dem die Beziehungen der Familienmitglieder zueinander entwickelt werden können. Soll beispielsweise eine Trennung vom Unternehmen erfolgen, bedeutet das nicht zwingend das Ende familiärer Zusammenarbeit. Eine Familie kann weiterhin gemeinsame Investments tätigen oder die Vorteile gemeinsamer Vermögensverwaltung nutzen. Wie die Richtungsentscheidung ausfällt, hängt davon ab, was eine Familie zukünftig gemeinsam leisten kann und will. Ob es sich nur um fallweise, inhaltlich begrenzte oder um langfristige Zusammenarbeit handeln soll.

Abhängig von der Intensität des gemeinsamen Interesses steht einer Unternehmerfamilie ein ganzes Arsenal von Möglichkeiten zur Verfügung. Von den Extremen Verkauf bis hin zu stabiler Kooperation, von einem fundamentalen Bruch mit dem Bestehenden bis hin zur Optimierung funktionierender Strukturen ist alles denkbar. Aber auch hier gilt: Die Richtungsentscheidung ist Resultat einer pragmatischen Güterabwägung. Sie kann nicht mehr sein als das, was Kooperationspotenzial und tatsächliche Voraussetzungen hergeben. Und – ganz wichtig: Sie ist eine im Konsens getroffene Entscheidung, die gemeinsam entwickelt wurde und daher für alle nachvollziehbar bleibt. Sie wird nicht jedermanns Vorstellung von Gerechtigkeit entsprechen, sie wird nicht alle Beteiligten glücklich machen oder auch nur befriedigen. Die Richtungsentscheidung erfolgt nicht nach dem, was wünschbar, sondern allein nach Maßgabe dessen, was möglich ist. Selbst ein Verkauf muss keine schlechte Lösung sein – eine in vielen Unternehmerfamilien tabuisierte und als Versagen eingeschätzte Option. Dabei gibt es keine guten oder schlechten, sondern nur sachgerechte Lösungen. Aber aus einem soll kein Hehl gemacht werden. Die Familienstrategie ist in ihrer Ausrichtung nicht weltanschaulich neutral. Sie heißt nicht umsonst Familienstrategie. Ihr Anliegen ist es, Familienunternehmen und Unternehmerfamilien zu erhalten – nicht um jeden Preis, aber da, wo es möglich ist.

Prinzipiell lassen sich bei der Richtungsentscheidung zwei Lösungstypen unterscheiden. Der eine läuft auf eine vollständige oder teilweise Trennung von Familie und Unternehmen hinaus und wird aus diesem Grund als Exit-Lösung bezeichnet. Exit-Lösungen verändern die Beteiligungsverhältnisse am Unternehmen. Den anderen Typ repräsentiert die Loyalitäts-Lösung. Sie lässt die Eigentumsverhältnisse unverändert und beschränkt sich auf eine Anpassung der Führungsstrukturen. Im Folgenden werden die wichtigsten Lösungsmuster vorgestellt – aufsteigend geordnet nach dem Maß der erforderlichen Zusammenarbeit. Beginnend mit den Exit-Lösungen, die nur fallweise und begrenzte Kooperation erfordern, bis hin zu der auf Dauer gestellten, durch eine Familiencharta fundamentierte Zusammenarbeit werden die wichtigsten Optionen kursorisch durchgespielt (Abb. 8.1).

Richtungsentscheidungen	
Exit-Lösungen	**Loyalitäts-Lösungen**

• Trennen
  - Verkauf
  - Stiftung
 	
• Vereinfachen
  - Thronfolger-Lösung
  - Realteilung
  - Family-Buy-out
	• Operative Führung durch
	  - Fremdmanager
	  - Familienmitglieder
	  - Familienmitglieder
	    und Fremdmanager

Abb. 8.1 Richtungsentscheidungen

Exit-Lösungen

Bei der Exit-Lösung sind wiederum zwei Typen zu unterscheiden. Der eine Typ trennt die Verbindung von Familie und Unternehmen. Er beendet also Konflikte, indem er ihre Ursache beseitigt. Als Beispiele für diesen Typ der Exit-Lösung stehen der Verkauf und die Einbringung des Unternehmens in eine Stiftung. Der zweite Typ der Exit-Lösung begrenzt Konflikte, indem er das Verhältnis zwischen Familie und Unternehmen vereinfacht, vor allem durch Reduzierung des beteiligten Personenkreises. Für den Exit durch Vereinfachung der Strukturen stehen die Thronfolger-Lösung, die Realteilung und das Family-Buy-out. Die Vereinfachung stellt für die einzelnen Gesellschafter die Entscheidungsautonomie des Gründers wieder her. Jeder kann mit dem, was er erhält, so verfahren, wie er will.

Verkauf

Wir beginnen also folgerichtig mit dem für die meisten Unternehmenseigner größten anzunehmenden Unfall in der Geschichte eines Familienunternehmens nach der Insolvenz – dem Verkauf. Die außerordentlich enge Verbindung mit dem Unternehmen lässt ihn für eine Familie zum denkbar tiefsten Einschnitt werden. Selbstverständnis und Tradition stehen einem solchen Schritt entgegen. Als nicht erzwungener, sondern aktiv gestaltender unternehmerischer Entschluss kommt für eine deutsche Unternehmerfamilie der Verkauf wohl erst bei fortgeschrittener Generationenfolge in Betracht. Erst dann werden die durch Entfremdung vom Unternehmen abnehmenden emotionalen Kosten eine rein vermögensstrategische Sicht der Dinge begünstigen. In den Vereinigten Staaten wird solch ein rationaler Kalkül gerne als Harvesting bezeichnet – die Familie fährt mit dem Verkauf die Ernte unternehmerischen Engagements in die Scheuer. Aber Deutschland ist nicht Amerika. In den USA dominiert prinzipiell eine rein sachliche Betrachtungsweise des Familienunternehmens, und das bereits in der ersten Generation: Was ist das Unternehmen heute wert? Was wird es in 10 Jahren wert sein? Gibt es alternative Vermögensanlagen, die sich besser rechnen?

Anders in Deutschland, auch wenn hier unter dem Eindruck der Globalisierung ein Umdenken einzusetzen beginnt: Für einen Verkauf muss es in den ersten Generationen schon sehr starke Gründe geben – mag die Ursache darin liegen, dass die Gesellschafter das Unternehmen nicht halten wollen oder weil sie nicht miteinander können. Immerhin sollten Unternehmerfamilien einkalkulieren, dass die nachwachsende Generation anders denkt als die abgebende: Was seit den

60er-Jahren des letzten Jahrhunderts als Wertewandel gehandelt wird, hat mit der Vervielfachung der materiellen und tatsächlichen Wahlmöglichkeiten eine weitere Dynamisierung erfahren – Mobilität, Vielsprachigkeit, ein Studium im Ausland, das Leben in Metropolen, ein Way of Life, dem die Knappheit von Gütern und Lebenschancen kaum mehr bewusst ist, auch eine Sensibilisierung in Fragen der sozialen Adäquanz wirtschaftlicher Ziele, von Gleichheit und Ungleichheit, von Umweltbelangen. Hinzu addieren sich die Ansprüche der Ehe- und Lebenspartner, die nicht mehr ohne weiteres bereit sind, ein Leben in der Provinz hinzunehmen.

Ergibt die Bestandsaufnahme einer Familienstrategie unversöhnliche Gegensätze, ist es zwingend geboten, auch über einen Verkauf nachzudenken. In diesem Fall ist er nicht der Super-GAU in der Unternehmensgeschichte, sondern die sachgerechteste und vermögenschonendste Möglichkeit. Der Verkauf kann nach Maßgabe der Dinge die einzige Chance sein, eine Blockade aufzulösen und Vermögensverluste in Grenzen zu halten. Denn auf Dauer lässt Streit in der Familie die Werthaltigkeit des Unternehmens nicht unberührt. Auch wenn ein Verkauf als Verrat an den Vorgängern oder als Versagen der gegenwärtigen Generation empfunden wird und solche Erwägungen den Entschluss belasten, kann er sich bei Würdigung der Gesamtumstände und Risiken als die günstigere Option erweisen.

Weitere Differenzierungen, etwa Teilverkauf, Management-Buy-out und Management-Buy-in sollen für unser Thema an dieser Stelle keine Rolle spielen. Wichtig ist allerdings etwas anderes: Auch der Verkauf eines Familienunternehmens verlangt ein gewisses Maß an Zusammenarbeit, dem die Familienstrategie den Boden bereitet hat. Der Verkauf ist nicht von heute auf morgen zu machen. Er erfordert eine gemeinsame Linie, soll er zu einem wirtschaftlich befriedigenden Resultat führen. Das fängt mit der Frage an, wer die Verhandlungen führt, und betrifft die Verständigung über einen angemessenen Verkaufspreis ebenso wie nicht monetäre Aspekte, zum Beispiel den Erhalt des Firmennamens oder eine Beschäftigungsgarantie für Mitarbeiter.

Stiftung

Zunehmender Popularität erfreut sich die Trennung von Familie und Unternehmen qua Stiftung, als privatnützige Familienstiftung, als gemeinnützige oder als Doppelstiftung. Nachdem die Familienstiftung bis jetzt hinter den Möglichkeiten angelsächsischer Pendants zurückgeblieben ist, dürften sich mit dem Inkrafttreten der bundeseinheitlichen Regelung ab Mitte 2023 bessere Möglichkeiten ergeben. Das hat prominente Unternehmer nicht davon abgehalten, in Ermangelung besserer Alternativen schon früher auf dieses Modell zu setzen. Karl Albrecht (Aldi Süd) hat diese Lösung gewählt, desgleichen Dieter Schwarz (Lidl & Schwarz) und Götz Werner (dm). Bei allen Nachteilen, die die Rechtslage in Deutschland bis jetzt bietet, leuchten die Vorteile einer Stiftungslösung ohne weiteres ein – vor allem die bessere Planbarkeit: Stiftungen entpersonalisieren und reduzieren dadurch das Konfliktrisiko entscheidend. Denn Erben sind unvollkommen und zum Streit geneigt, während das bei Institutionen nicht passieren kann. Also ersetzt man jene durch solche – eben eine Stiftung. In ihr kann sich der Unternehmer über seinen Tod hinaus dauerhafter verewigen – seriöse Akteure in den Stiftungsgremien vorausgesetzt – als ihm das mit leiblichen Abkömmlingen jemals möglich wäre. Die Unternehmer Bosch, Körber und Zeiss haben das mit Erfolg getan. In der Stiftungssatzung kann der Unternehmer sein Credo verbindlich machen, über den Stiftungsrat das richtige Management auswählen und das Unternehmen in angemessener Weise kontrollieren lassen. Dadurch wird die Familie dauerhaft von internen Auseinandersetzungen um die Nachfolge entlastet. Das Problem der Führungs- und Beteiligungsnachfolge ist damit definitiv vom Tisch, und je nach Lage der Dinge ist das nicht wenig.

Bei einer Familienstiftung wird diese also Gesellschafter des Unternehmens, die Familienangehörigen Destinatäre, denen die Stiftung je nach Gestaltung der Satzung Gelder zuwendet. Wie der Verkauf, schafft der Exit über die Stiftung klare Verhältnisse. Der Reiz dieses Exits ist also beträchtlich und kann über eventuell realisierbare steuerliche Vorteile noch erhöht werden. Ihm stehen allerdings gewichtige Probleme gegenüber, die es angeraten erscheinen lassen, bei der Gestaltung der Stiftung umsichtig vorzugehen. Es kommt wesentlich darauf an, flexible Regelungen vorzusehen, da bei der Auslegung von Stiftungssatzungen nicht auf den jeweils aktuellen, sondern den historischen Stifterwillen abgestellt wird. Enge Regelungen, die manchem Stifter sympathischer sind, erschweren die Anpassung an wechselnde Bedingungen, die auch der Weitsichtigste nicht zu übersehen vermag. Und nicht zuletzt fordert diese Form des Exits ein ungewöhnlich hohes und oft schwer vermittelbares Maß an Akzeptanz bei der nachfolgenden Generation. Positive Beispiele gibt es gleichwohl. Bei dem Naturkostsäfte-Hersteller Voelkel ist es dem geschäftsführenden Gesellschafter Stefan Voelkel gelungen, seine vier Söhne von der Stiftungslösung zu überzeugen, die das treuhänderische Verhältnis der Familie zum Unternehmen herausstreicht. Allerdings galt es für die 4. Generation eine unerfreuliche Pille zu schlucken, da es ohne einen Pflichtteilsverzicht nun einmal nicht geht. Weniger problematisch ist die bei der Stiftung immerhin mögliche dauerhafte Zusammenarbeit von Familienmitgliedern im Stiftungsrat. Diese Kooperation wird durch vorhandene Strukturen, Stiftungszweck und -satzung zugleich formalisiert und limitiert.

Noch ein Hinweis zum Schluss: Leicht zu übersehen, aber nicht zu unterschätzen, ist ein Vorteil der Stiftungslösung – sie bringt ein Plus an Privatheit. Wer statt Erbe Destinatär wird, der hat – zumal wenn er dem Unternehmen fernsteht – auch nicht mit den Belastungen zu kämpfen, die manchem Gesellschafter das Leben sauer machen: Konflikte in der Gesellschafterversammlung, durch steuerliche Gesichtspunkte verursachte Einschränkungen in Sachen Lebensmittelpunkt oder Schwierigkeiten mit dem Partner, wenn es um das leidige Thema Ehe- und Erbverträge geht.

Neben diesen beiden Exits durch Trennung von Familie und Unternehmen bieten sich nach der Bestandsaufnahme eine Reihe gemäßigter Lösungen an. Diese vereinfachen die Strukturen, indem sie den Kreis der Gesellschafter reduzieren. Wir kommen zum Thronfolger, zur Realteilung und zum Family-Buy-out.

Thronfolger

Nicht zu Unrecht steht hier die Thronfolger-Lösung ganz oben – ein Erbe bekommt das Unternehmen. Sie ist dynastisch bewährt und beglaubigt, in der Landwirtschaft hat die Höfeordnung sie in einigen Bundesländern verbindlich gemacht und in Unternehmerfamilien galt sie über lange Zeit als Normalfall. Einfacher war sie ohnehin: Ist sie in einer Familie die Regel, führt sie zu einer gegenüber der Familiendynastie sehr viel überschaubareren Thronfolgerdynastie. Die unbezweifelte Legitimität dieses Normalfalls ist indes brüchig geworden. Weichenden Erben ist nicht mehr ohne weiteres klarzumachen, weshalb ihr Interesse hinter dem Unternehmensinteresse zurückstehen muss. Natürlich sind die Vorteile nicht zu übersehen. Die Situation des autonom entscheidenden Gründers wird durch die Thronfolge fortgeschrieben, Abstimmung mit anderen Gesellschaftern dadurch entbehrlich. Allenfalls im Vorfeld der Nachfolgeregelung mag sich Streit an der Frage entzünden, ob das Recht des ältesten Sohnes dominiert, ob der die Fähigkeiten und den Willen tatsächlich mitbringt oder der Patriarch korrigierend eingreift. Tauscht er den Thronprätendenten freilich im Alleingang aus, ist das dem Familienfrieden nicht förderlich.

Demgegenüber steht eine Thronfolger-Lösung als Resultat einer Familienstrategie auf einem viel breiteren Fundament. Sie wird zu einer guten Lösung, wenn sie im Konsens beschlossen und nicht als Oktroi auf Kosten des Familienfriedens durchgesetzt wird. Je mehr freies Vermögen den weichenden Erben zugewendet werden kann, je weniger der Bevorzugung des einen Erben eine vermögensmäßige Benachteiligung der anderen entspricht und je geringer die mögliche Belastung des Thronfolgers ausfällt, um solche Nachteile auszugleichen, desto besser. Eine auf breite Zustimmung gegründete Thronfolge erhält Schlagkraft und Handlungsfähigkeit des Unternehmens. Die Familienstrategie fördert die Einsicht der Beteiligten in die Vorteile dieser Lösung und erzeugt Akzeptanz, indem sie einerseits die Zersplitterungsproblematik bewusst macht und andererseits die Erwartungshaltung der weichenden Erben relativiert. Sie macht das, indem sie den Beteiligten die Vor- und Nachteile der Gleichverteilung in Gänze vorführt. Denn einen Anteil am Unternehmen zu erben, bedeutet ja nicht nur den Erwerb vorteilhafter Rechte, sondern in hohem Maß Verpflichtung. Dem Status, Gesellschafter zu sein, können empfindliche Begrenzungen bei der Lebens- und Vermögensgestaltung gegenüberstehen. So ist nicht jeder Gesellschafter auch ein glücklicher Gesellschafter. Umgekehrt hat der Thronfolger nicht stets das große Los gezogen: Der größte Teil seines Vermögens dürfte im Unternehmen stecken, und er ist auch hinsichtlich seiner Lebensumstände und seines Wohnortes gebunden.

Realteilung

Je mehr Unternehmerpersönlichkeiten an einem Unternehmen Beteiligungen halten, desto näher liegt es für eine Familie, über eine Realteilung nachzudenken und beispielsweise aus einem drei unabhängige Unternehmen zu machen. Das ermöglicht – neben einer Begrenzung der Konflikte – den einzelnen Erben oder Gesellschaftern die Chance zur selbstständigen unternehmerischen Leistung. Sie können wie Gründer agieren. Umsonst sind diese Vorteile allerdings nicht zu haben. Und sie sind auch nicht überall möglich, wie es beim Handschuhhersteller Roeckl der Fall war, wo die Geschwister Annette und Stefan Roeckl das Produktsortiment aufteilten. Die Schwester setzt in ihrem Unternehmen die klassische Linie fort, während der Bruder in seinem Sporthandschuhe produziert.

Eine Realteilung setzt zunächst Unternehmensstrukturen voraus, die überhaupt teilbar sind. Damit fängt es aber erst an. Denn nicht jede Teilung macht betriebswirtschaftlich und unternehmensstrategisch Sinn. Synergieeffekte können ebenso wie Marktposition, Umsatzgröße und Diversifizierung verloren gehen, vom Bruch mit der Tradition ganz zu schweigen. Sind jedoch die Möglichkeiten faktisch vorhanden und stellt sich in der Bestandsaufnahme heraus, dass die in der Geschwistergesellschaft angestrebte Teamlösung nicht trägt oder die angedachte Holding lediglich zum Verschiebebahnhof gegenläufiger Interessen auf einer anderen Ebene taugt, dann ist die Realteilung mehr als eine Überlegung wert. Nach vernünftiger Abwägung und im Konsens beschlossen, lässt sie für die Zukunft die Möglichkeit gedeihlichen Miteinanders zwischen selbstständigen Unternehmen zu: Aldi Nord und Süd belegen das. Beide Unternehmen sind das Resultat einer Realteilung, die von den Gebrüdern Albrecht bereits Anfang der 60er-Jahre vor der großen Expansion vollzogen wurde. Ebenfalls ein positives Beispiel dieses Modells liefert die Familie Quandt.

Family-Buy-out

Von den Ergebnissen her ähnlich wie die Realteilung sind die Auswirkungen eines Family-Buy-out, bei dem ein Gesellschafter oder ein Familienstamm die anderen herauskauft. Die Stämme der Familie Faßbender haben sich auf ein solches Verfahren geeinigt und so die Situation beim Rechtsschutzversicherer ARAG geklärt. Eine ähnliche Lösung wurde auch für die Tchibo-Holding der Familie Herz realisiert. Die mit einem Family-Buy-out verbundenen finanziellen Lasten sind naturgemäß erheblich. Strukturell unterscheiden sie sich nicht von der Belastung, die einem Thronfolger aufgegeben sein kann, die Geschwister adäquat abzufinden. Beides begrenzt den finanziellen Spielraum, beides verändert unter Umständen den Charakter des Unternehmens. Aber auch ein Buy-out erfüllt seinen Zweck – er stellt Eindeutigkeit her oder vermindert zumindest Komplexität. Nicht umsonst achten bewährte Familiendynastien auf einen überschaubaren Kreis von Gesellschaftern und verpflichten diese darauf, entsprechende finanzielle Kapazitäten vorzuhalten. Diese abgeschwächte Form des Family-Buy-out ist in deutschen Familienunternehmen ein seit Generationen bewährtes Mittel, die Zersplitterung zu kontrollieren, indem kleine Anteile von leistungsfähigen Gesellschaftern gekauft und der Gesellschafterkreis dadurch überschaubar gehalten wird. Zum Problem wird dabei regelmäßig die Frage, nach welchen Kriterien die Anteile angemessen bewertet werden. Hier kommt es darauf an, Regeln zu formulieren, deren Konkretisierung im Gesellschaftsvertrag die faktische Fungibilität der Anteile herstellt. Solche Kriterien und die Entwicklung einer Ausstiegskultur sind wichtig, will eine Familie nicht ihre Kräfte mit Streit um Anteilsbewertung und Zahlungsmodalitäten vergeuden.

Kurz zusammengefasst: Exits ändern das Verhältnis von Familie und Unternehmen in grundlegender Weise. Entweder wird das Band zwischen beiden gelöst oder in einer Weise verändert, die Entscheidungsstrukturen vereinfacht. Die Veränderung auf der Eigentümerseite minimiert Konflikte und schafft dadurch Stabilität für die Zukunft.

Loyalitäts-Lösungen

Eine Loyalitäts-Lösung lässt die Eigentumsseite unangetastet und strukturiert die Führungsseite neu. Eine solche Gestaltung des Verhältnisses von Familie und Unternehmen stellt hohe Anforderungen an das Kooperationsvermögen einer Unternehmerfamilie. Hier geht es nicht um punktuelle oder fallweise Zusammenarbeit, sondern um langfristige, möglichst konflikt- und reibungsarme Kooperation, die das Handlungsvermögen der Unternehmerfamilie sichert. Drei Typen sind zu unterscheiden: die operative Führung durch Fremdmanager, durch Familienmitglieder und die gemischte Führung.

Operative Führung durch Fremdmanager

Viele Familienunternehmen kommen an einer Fremdmanager-Lösung nicht vorbei. Es fehlt schlicht und einfach an einem geeigneten und willigen Kandidaten aus den eigenen Reihen. So selten ist dieser Fall nicht. Vor einigen Jahren stellte eine Untersuchung der Bertelsmann Stiftung fest, dass es um die Unternehmernachfolge selbst bei Mittel- und Großbetrieben in Familienhand nicht gut bestellt ist: Nur in jedem zweiten will der Nachwuchs das operative Geschäft selbst führen. Eine neuere, die eine der großen Wirtschaftsprüfungsgesellschaften in Kooperation mit der Universität St. Gallen unter dem bezeichnenden Titel *Coming home or breaking free?* durchgeführt hat, ergab keine ermutigenderen Resultate. Aber auch wenn ein Junior will, ist der Erfolg nicht garantiert. Ein Scheitern der Familiengeschäftsführer wird für Unternehmen und Familie zu einer schweren Belastung. Dieses Risiko muss sich eine Unternehmerfamilie klarmachen und Vor- und Nachteile abschätzen. Die Szenarien können vielgestaltig sein: berechtigte Zweifel an der Eignung, gute Eignung bei fehlender Reife oder aber auch der übermächtige Schatten des erfolgreichen Vorgängers. Nach dem Rückzug von Jürgen Heraeus in den Aufsichtsrat der Heraeus Holding setzten die Eigner auf Fremdmanager, die als Platzhalter für Nachfolger aus der Familie fungierten und für den nötigen zeitlichen Abstand sorgten. Seit 2013 ist wieder ein Familienmitglied am Ruder.

Jenseits solcher Konstellationen leistet ein Fremdmanager noch mehr. Er trennt Eigentum und operative Führung des Unternehmens. Damit wird Kooperationskonflikten, die aus dem delikaten Mit- und Gegeneinander auf der Führungsebene und dem nicht minder anspruchsvollen Zusammenspiel tätiger und nichttätiger Gesellschafter resultieren, ein Ende bereitet. Streitigkeiten zwischen tätigen Gesellschaftern oder Nachfolgekonflikte zwischen rivalisierenden Stämmen zählen zu den bedrohlichsten Szenarien für Familienunternehmen. Solche Krisen sind Führungskrisen, die den Bestand des Unternehmens gefährden oder es zumindest jahrelang lähmen.

Allerdings bedeutet es für die Unternehmerfamilie, sich neu zu positionieren, um ihren Einfluss auf das Unternehmen und seine Prägung sicherzustellen. Das beginnt bei der Personalauswahl. Anders als in Publikumsgesellschaften hat es ein

Fremdgeschäftsführer mit einem begrenzten Kreis von Eigentümern zu tun. Er trägt Verantwortung in einem besonderen Sinn. Es handelt sich um anvertrautes Kapital – sowohl im materiellen Sinn von fremdem Geld als auch im Sinn der in ihm aufgehobenen Geschichte und Traditionen der Familie. Die Familie wiederum nimmt stärkeren Einfluss auf die Geschäftspolitik: normativ und strategisch durch die Vorgabe von Werten und Zielen, die sie sinnvollerweise durch eine Businessfassung der Familiencharta kommunizieren sollte, institutionell meist durch ein Aufsichtsgremium, das – regelmäßig kontrollierend angelegt – neben der Gesellschafterversammlung dem Handeln der Geschäftsführung den Rahmen vorgibt. Diese Konstellation mündet in eine Formalisierung des Berichtswesens, das den Informationsfluss zwischen den Akteuren sichert. Hier kommt es darauf an, das rechte Maß zwischen Vertrauen und Kontrolle zu finden, eine sensible Balance, die dem Informationsbedürfnis der Familie genügt und den Handlungsspielraum der Fremdgeschäftsführung bewahrt.

Die ausschließliche operative Führung des Unternehmens durch Fremdmanager wirkt auf der Eigentümerseite egalisierend: es gibt nur noch nichttätige Gesellschafter. Die Entscheidung für ein Fremdmanagement neutralisiert – allerdings um einen erheblichen Preis. Sie bedeutet Karriereverzicht für Familienmitglieder in ihren besten Jahren. Zusätzlich zu dem oft bitteren Verzicht bringt sie zugleich die Frage auf die Tagesordnung, wie die Steuerung des Unternehmens durch die Familie ohne Teilhabe an der operativen Führung möglich sein kann.

Dieses Problem ist für eine Unternehmerfamilie, die vor einer solchen Entscheidung steht, nicht nur unbekanntes Terrain, es beendet zugleich eine Tradition. Durch die Familienstrategie lernt sie, die entstehende Leerstelle zu füllen und den Bruch in ihrer Geschichte zu überwinden. Die Auseinandersetzung mit ihren Werten, Zielen und Rollen eröffnet eine sinnvolle Perspektive, wie die Familie aus der Gesellschafterstellung oder über Aufsichts- und Beiratsmandate das Unternehmen steuern und prägen kann. Denn den Ängsten, die mit der Preisgabe traditionell unverzichtbar erscheinender Positionen verbunden sind, stehen weitere Vorteile gegenüber. Die Auswahl und Bestellung von Führungskräften kann jetzt ausschließlich nach qualitativen Gesichtspunkten und ohne Rücksicht auf familiäre Belange erfolgen. Desgleichen wird die Abberufung einer Führungskraft erleichtert, was bei einem Familienmitglied kaum möglich und stets ein gefährliches Politikum ist. Dafür ist nun etwas anderes gefragt: Wer die Familie in einem Kontrollgremium vertritt, braucht die passende Qualifikation – und für diese Aufgabe benötigt die Unternehmerfamilie ebenfalls ein Konzept.

Sie kann aber auch noch in anderer Weise von einem Fremdmanagement profitieren: Sie führt annähernd zwangsläufig zu einer Professionalisierung der Governance. Da es sich dabei um einen entscheidenden Schritt im Übergang vom Vertrauen in Personen zu einem Systemvertrauen handelt, ist das eine Chance, die unbedingt genutzt werden sollte. Das betrifft ganz praktische Fragen wie den Informationsfluss zwischen Geschäftsführung und Gesellschaftern oder Beirat in Form eines Jour fixe oder ein formalisiertes Reporting, es kann aber auch ausgesprochen Heikles berühren wie die Frage der Präsenz von Familienmitgliedern im Unternehmen.

Wer einmal dort gearbeitet hat, ob in der Führung oder nachgeordneter Position, der verfügt über Kontakte – vertraute Mitarbeiter, die man schätzt, auf deren Wissen und Urteil man vertraut. Daraus kann sich jenseits von Selbstverständlichkeiten wie der Teilnahme an bestimmten Anlässen an der neuen Geschäftsführung vorbei ein informeller Kanal zu den Gesellschaftern entwickeln. Sowohl die Informationsbeschaffung von ihrer Seite wie seine Nutzung durch Mitarbeiter: „Gut, dass Sie mir das sagen. Natürlich kümmere ich mich darum", gefährdet jedoch die Integrität der neuen Führung und die Legitimation eines Fremdmanagements. So harmlos dieser Punkt prima vista scheint – die Lösung der Präsenzfrage kann auf einen schmerzhaften Verzicht hinauslaufen. Sie rührt an lieb gewonnene Gewohnheiten, an persönliche Kontakte, an denen der Familie gelegen ist, an Wertschätzung, die zumal dem früheren Chef entgegengebracht wird. Sie bedarf einer klaren Regelung.

Eine reine Fremdmanagement-Lösung erhöht die Planungssicherheit zum einen für den Nachwuchs der Familie, der seine Karriere ohne Rücksicht auf familiäre Erwartungshaltungen und Fixierung auf das Unternehmen planen kann. Vor allem aber gilt das für das Management – die langfristige Verankerung loyaler und qualifizierter Führungskräfte ist für Familie wie für Unternehmen ein Gewinn. Dazu aber bedarf es eines definierten Rahmens in Gestalt fester Strukturen, Regeln und klarer Vorgaben – etwa zur Unterrichtung über die Quartalsberichte hinaus, zum Reporting, zu Gewinnerwartung, Ausschüttung etc. –, nach denen das Fremdmanagement operativ führen kann. Erfolgreiche fremdgeführte Familienunternehmen erlegen sich strikte Disziplin auf und sorgen so für ein abgestimmtes Zusammenwirken der Funktionskreise. Die grauen Eminenzen halten sich zurück, die Familie nimmt Einfluss durch Bereitstellung des Kapitals, durch Kontrolle und Prägung. Erst ein solcher Rahmen macht ein Familienunternehmen für qualifizierte Führungskräfte attraktiv. Und an diesen muss eine Unternehmerfamilie interessiert sein.

Operative Führung durch Familienmitglieder

Die Geschäftsführung durch Familienmitglieder ist der Normalfall. Was für die Unternehmerfamilie das plausibelste und naheliegendste Modell ist, stellt zugleich höchste Anforderungen an die Fähigkeit zur Zusammenarbeit. Hier müssen Tätige und Nichttätige miteinander auskommen. Mag ein geschäftsführender Gesellschafter schon gelegentlich mit seinen Mitgesellschaftern aneinandergeraten, so erhöht sich die Wahrscheinlichkeit eines Konfliktes im Fall der Team-Geschäftsführung. Hier machen Intensität und Entscheidungsbedarf der laufenden Geschäfte regelmäßige Abstimmung erforderlich. Vor diesem Hintergrund haben wir schon an anderer Stelle die gefährdete Position von Familienunternehmen beschrieben. Ein Kreis von Gesellschaftern, das Miteinander Tätiger und Nichttätiger und vor allem eine Geschäftsführung im Team wird umso besser funktionieren, als ein intaktes gemeinsames Interesse, also Klarheit über Werte, Ziele und Rollen besteht. Sie sind Grundvoraussetzung für eine stabile und funktionsfähige Unternehmerfamilie. Ein eignergeführtes Unternehmen muss bereits frühzeitig daran interessiert sein, der Familie ein solches Rückgrat zu verschaffen. Das bedeutet, eine Familiencharta zu formulieren, die dem Handeln der Familie Maß und Richtung gibt.

An einem kommt die Familie nicht vorbei: Ohne Konsequenz und Disziplin wird es nicht gehen. Nur so können Individualinteressen und gemeinsames Interesse dauerhaft balanciert werden. Die Richtungsentscheidung für ein Familienmanagement macht nur dann Sinn, wenn alle bereit sind, sich Regeln zu unterwerfen. Streit resultiert aus Willkür im Einzelfall, Durchbrechung und unreflektierter Fortschreibung von Traditionen. An die Stelle solchen Verhaltens muss ein regelgebundenes Handeln treten.

Die Charta ist der Ort, wo eine Reihe von Punkten abstrakt, ohne Bezug auf einen konkreten Nachfolger, vorgegeben werden. Das betrifft zunächst die Maximalzahl der Familienmitglieder in der Geschäftsführung und die Qualifikationsvoraussetzungen. Sie gelten für alle Kandidaten – wer ihnen nicht genügt, kommt nicht in Frage. Qualifikationsvoraussetzungen geben der Lebensplanung und der Ausbildung des Nachwuchses den Rahmen vor, ob nun in sehr detaillierter Form oder allgemein darauf verweisend, dass ein Kandidat in einem vergleichbaren Unternehmen und in entsprechender Position erfolgreich tätig gewesen sein muss. Sie entlasten den Auswahlprozess und beschränken den Zugang zur Geschäftsführung auf fähige Anwärter. In die Charta gehören ferner Regeln für die Leistungsbewertung wie das Erreichen strategischer Ziele oder die Umsetzung der Jahresplanung, ferner für faire Verfahren, etwa die Regelung, was geschieht, wenn ein Familienmitglied scheitert, sowie die Frage der Mitarbeit im Unternehmen, die etwa auf die Führungsebene beschränkt werden kann und temporäre Mitarbeit nur so weit zulässt, als sie der Vorbereitung auf diese dient. Was ebenfalls in die Charta gehört: ob Ehe- und Lebenspartner in Führungspositionen erwünscht sind, wodurch sich der Talentpool der Familie vergrößert. In der Familienstrategie sollten auch die personellen Rahmenbedingungen im Unternehmen thematisiert werden, die für die Überleitung auf die nachfolgende Generation wichtig sind. Die Entwicklung einer zweiten Führungsebene aus Externen hat mehrere Vorteile: Sie sichert Kompetenz, erleichtert die Übergabe und schafft fähigen Führungskräften eine Perspektive, ist also auch unter dem Gesichtspunkt Personalentwicklung wichtig. Mag die Geschäftsführung der Familie vorbehalten bleiben, kann Externen doch der Aufstieg in die Geschäftsleitung als erweitertem Führungskreis eröffnet werden.

Etwas anderes ist die konkrete Planung der Nachfolge. Am Anfang steht ein verbindliches Bekenntnis von Sohn oder Tochter, es machen zu wollen. Ohne diese Bereitschaft kann die Familie sich weitere Überlegungen sparen. Ist sie vorhanden, steht als Nächstes ein detaillierter Zeitplan an, der in der Folge durch Übergaberegeln ergänzt wird. Beides ist unabdingbar, denn erst ein Zeitplan und Übergaberegeln legen die Akteure auf ein Szenario fest, nur dadurch ist das Einhalten von Regelungen zu belegen, und nur so werden Verstöße gegen sie wirklich greif- und verhandelbar.

Die Charta ist mehr als das Dokument des Konsenses über Fragen der Führung im engeren Sinn. Denn der Normalfall im Familienunternehmen, nämlich die operative Führung durch Familienmitglieder, stellt die bei weitem höchsten Anforderungen an alle Beteiligten. Die Familiencharta liefert diesen Formen der Zusammenarbeit das notwendige Gerüst. Sie beschreibt, was eine Familie tut und was sie nicht tut, wofür sie steht und was sie verbindet. Das verhindert Willkür, entlastet von strittigen Fragen und stiftet Gemeinsamkeit und Sinn.

Operative Führung durch Familie und Fremde

Ein nicht seltener Fall ist in deutschen Familienunternehmen die gemischte Geschäftsführung, in der Familienmitglieder mit Fremdmanagern zusammenarbeiten. Häufig legt bereits die schiere Größe des Unternehmens eine funktionale Aufteilung der Leitungsaufgaben nahe, und die Möglichkeit, sämtliche Positionen mit qualifizierten Familienmitgliedern zu besetzen, ist einfach nicht vorhanden. Im Regelfall leitet das Familienmitglied die Führungsmannschaft, weist Aufgaben zu und hält koordinierend die Fäden in der Hand, verfügt über den kürzesten Draht zu den Mitgesellschaftern und prägt das Unternehmen. Dieses Modell ist jedoch kein Selbstläufer – es setzt die persönliche und fachliche Qualifikation voraus. Sonst wird sich im scharfen Wind des Geschäftsalltags de facto doch eine Machtverschiebung zugunsten der Fremdmanager ergeben. Die Folgen sind unerfreulich: Gibt das Familienmitglied nach, wird es zum Frühstücksdirektor, hält es dagegen, sind Unruhe an der Spitze und eine starke Fluktuation unter den Führungskräften vorprogrammiert. Daher sind die persönlichen Anforderungen an Fremdmanager bei der gemischten Führung stets besonders hoch: Respekt und Loyalität gegenüber dem Repräsentanten der Familie in der operativen Führung, zudem ein ausgeprägtes Fingerspitzengefühl in geschäftspolitischen Fragen wie bei der Vertretung des Unternehmens nach innen und außen. Mit einer formalen Teilung der Aufgaben ist es oft nicht getan.

Seltener ist demgegenüber die Kollegialführung eines Familienmitglieds mit einem Fremden. Funktioniert sie gut, kommt als Gestaltungsoption gelegentlich eine temporäre Beteiligung des Externen vor, was sinnvoll sein kann. Sie setzt einen spezifischen Anreiz, erzeugt die für Familienunternehmen typische, auf Langfristigkeit angelegte Denkart und stärkt die Verbindung zu den Gesellschaftern aus der Familie: Alle sitzen in einem Boot. Und wo es besonders gut läuft, kann ein Fremdmanager sogar den Ritterschlag erhalten und erblicher Gesellschafter werden. Das freilich ist die Ausnahme.

Bei fortgeschrittener Generationenfolge werden die Muster flüssiger, die Gestaltungsmöglichkeiten zahlreicher. Wo die Familie für die Mitarbeit ihrer Mitglieder im Unternehmen offen ist, gibt es ungewöhnliche Konstellationen – Teilhabe an der Geschäftsführung unter einem Fremden, eher repräsentative oder vermittelnde Funktionen zwischen Familie und operativer Spitze, nicht zuletzt auch die Leitung von Tochterunternehmen. Sie können als Bewährungsproben für höhere Aufgaben dienen, aber ebenso den Neigungen eines Familienmitglieds entgegenkommen oder ihm als Wirkungskreis genügen. Wichtig bleibt in jedem dieser Fälle die Trennung der Rollen und die Anerkennung der Führungsverantwortung des Externen: Das könnte bei Boehringer Ingelheim dazu beigetragen haben, ein Familienmitglied als Nachfolger des Fremdmanagers aufzubauen. Anfang der 90er-Jahre hatten die Familienstämme Boehringer und von Baumbach beschlossen, die operative Führung zumindest vorübergehend in die Hände Externer zu legen.

Die Familiencharta 9

Die Familiencharta markiert zugleich Ende und Anfang der Familienstrategie. Sie ist die Gründungsurkunde, die einer neuen Ära der Zusammenarbeit in einer Unternehmerfamilie den Rahmen liefert. Die Charta steht am Ende des angeleiteten Prozesses der Familienstrategie und am Anfang der von der Familie eigenständig praktizierten Family Governance. Sie bildet das Bollwerk einer Unternehmerfamilie gegen die Entfremdung, sie erhält den Familienmitgliedern das Bewusstsein eines gemeinsamen Interesses, sie ersetzt Willkür durch geordnete Verfahren, sie schafft Planungssicherheit und stärkt den Zusammenhalt.

Um dahin zu kommen, muss eine Familie ihre eingewurzelten Vorbehalte gegen feste Regeln überwinden. Das heutige Leben ist ohnehin stark reglementiert und das Bedürfnis, die Familie als regelungsfreie Zone zu erhalten, verständlich. Die Aussicht auf ein weiteres Stück bedrucktes Papieres zusätzlich zu Gesellschaftsvertrag, Eheverträgen und Testamenten ist nicht unbedingt sympathisch. Aber die Verantwortung gegenüber Unternehmen und Vermögen erlaubt keine Alternative. Eine stabile, funktionsfähige und damit starke Unternehmerfamilie zu sein, ist eine Bringschuld der Familie gegenüber dem Unternehmen.

Soll die Familiencharta ihre Funktion erfüllen und wirklich gelebt werden, muss eine Familie ihre Regelungsaversion überwinden. Die Generation der Älteren schätzt Regeln nur insofern, als sie die nachwachsende Generation, aber nicht sie selbst binden. Die jüngere Generation misstraut Regeln grundsätzlich, weil sie dem Anspruch auf Selbstverwirklichung zuwiderlaufen. Hüben wie drüben aber bringen diese Verhaltensmuster jene fehlende Einstellung hervor, die in vielen Unternehmerfamilien die Zusammenarbeit so erschwert. Nach vorne zu schauen, ein Team zu werden und die Familie zusammenzuhalten erfordert – es sei noch einmal wiederholt – Disziplin und Konsequenz. Die Entscheidung zur Loyalität, zur dauerhaften Zusammenarbeit in der Familie verlangt einen Preis: die Aufgabe des manche Vorteile bietenden Laisser-faire zugunsten fester Strukturen.

Familiencharta und Gesellschaftsvertrag

Die Familiencharta operiert auf einer anderen Ebene als der Gesellschaftsvertrag. Ihr Adressat ist die Familie; die Gesellschafter betrifft sie nur so weit, als sie Familienmitglieder sind. Die Familiencharta stabilisiert die Familie. Sie soll dadurch ihrer Verantwortung gegenüber Unternehmen und Vermögen besser gerecht werden. Um dieser Verantwortung Ausdruck zu geben, wird die Charta von der Familie in einer untechnischen, allen verständlichen Sprache formuliert, im Konsens beschlossen und unterzeichnet. Aus dem Prozess der Entstehung bezieht sie ihre legitimierende Kraft, die Familienmitglieder zu binden und zu verpflichten. Damit liefert sie den Rahmen, in dem sich Familie und Unternehmen in der Zukunft entwickeln. Sie hat den Charakter einer Grundsatzerklärung zu den fundamentalen Fragen: Was verbindet uns? Wo wollen wir hin?

Familiencharta und Gesellschaftsvertrag operieren also auf unterschiedlichen Ebenen. Die Lektüre eines Gesellschaftsvertrages macht dies bereits deutlich: Er reduziert die Lebenswirklichkeit auf das Gefüge der Rechtsbeziehungen. Der Kreis der Beteiligten umfasst nur die Gesellschafter, die Sprache ist abstrakt juristisch. Und nicht immer ist er Ausdruck eines wirklichen gemeinsamen Interesses, manchmal ist er nicht mehr als der kleinste gemeinsame Nenner. Im Wesentlichen regelt er die Beteiligungsverhältnisse, die Rechte und Pflichten der Gesellschafter, die Kompetenzen der Geschäftsführung, sowie Art und Umfang der Kontrolle. Dem Funktionskreis Gesellschafter gibt er so ein stabilisierendes Gerüst. Darin erschöpft sich der Gesellschaftsvertrag aber auch schon. Seine Aufgabe ist die Gestaltung der Rechtsbeziehungen zwischen Unternehmen und Gesellschaftern. Eine Unternehmerfamilie zu stabilisieren und ihren Zusammenhalt zu stärken, geht am Zweck des Gesellschaftsvertrages vorbei und kann aus diesem Grunde von ihm nicht geleistet werden.

Eben das ist die Aufgabe der Familiencharta. Sie orientiert sich dazu an den tatsächlichen Verhältnissen in der Familie: Der Teilnehmerkreis der Familienstrategie ist größer und anders besetzt als die Gesellschafterversammlung, das Ziel ist ein anderes und ebenso das Verhältnis untereinander. Die pragmatische Zielsetzung der Familienstrategie, eine funktionsfähige Unternehmerfamilie zu schaffen, die sich ihrer Verantwortung bewusst ist, erzeugt sinnvolle Regelungen über

	Familiencharta	Gesellschaftsvertrag
Beteiligte	Familienmitglieder	Gesellschafter
Regelungsbereich	Familie und Unternehmen	Gesellschafter und Unternehmen
Sprache	allgemeinverständlich untechnisch	abstrakt juristisch
Bindungswirkung	emotional bindend	rechtlich verpflichtend

Abb. 9.1 Familiencharta und Gesellschaftsvertrag

die zukünftige Verteilung von Macht und Geld, über Ziele für die Familie, über Konfliktlösungsmechanismen und Zusammenarbeit in der Familie (Abb. 9.1).

Die Formulierung einer Familiencharta ist aus diesem Grund der erste Schritt, der Verträgen und insbesondere Vertragsrevisionen vorausgehen sollte. Das ist durchaus nicht so realitätsfern wie es klingt. Erinnern wir uns an die typischen Ausgangssituationen, die eine Unternehmerfamilie zu einer Familienstrategie veranlassen: Konflikte um die Nachfolge, Kooperationsprobleme und zunehmende Distanz zu Unternehmen und Familie. Diese Situationen münden in eine Beschränkung oder Blockade der Handlungsfähigkeit, die eine Familie nicht aus eigener Kraft überwinden kann. Üblicherweise eskaliert dieser Konflikt, wenn es um die Anpassung des Gesellschaftsvertrages geht. Seine Formulierung fällt erheblich leichter, wenn in der Familiencharta bereits der Generalkurs festgelegt worden ist, der zu mehr Geschlossenheit und zu einer Verbesserung der Entscheidungsprozesse geführt hat.

Aber auch der andere Fall ist denkbar. Bekanntlich verfehlt nicht jeder Gesellschaftsvertrag sein Ziel. So kann der eigensinnige Patriarch eine schlüssige, sinnvolle und die Interessen klug gewichtende Regelung gewählt haben, der es nur an einem fehlt: an Legitimation. Die Nichtbeteiligung der nächsten Generation lässt sich im Wege einer Familienstrategie heilen. Sie bietet die Chance, einer überlegten und tragfähigen Regelung im Nachhinein den Beigeschmack des Diktats zu nehmen. Die Familiencharta stellt einen solchen Gesellschaftsvertrag sozusagen vom Kopf auf die Füße.

Aufbau und Inhalt

Kommen wir zur Familiencharta im Einzelnen. Bei der Formulierung ist stets der Adressatenkreis im Auge zu behalten; in vielen Fällen ist es die beste Lösung, neben der Familiencharta, die nur der Familie und wenigen Vertrauten vorbehalten bleibt, eine separate Businessfassung zu formulieren, die nur das enthält, was die Externen in der Geschäftsführung oder Aufsicht- und Beratungsgremien wissen sollten. Wenn das Dokument selbst Dritten zugänglich gemacht werden soll – infrage kommen dafür externe Führungskräfte und Beiräte – muss die Charta nicht nur allgemein verständlich formuliert sein. Sie sollte gleichzeitig einen Ausdruck von Festigkeit und Selbstbewusstsein vermitteln. Entsprechend sind in solchen Fällen Hinweise auf mühsam überwundene und ergo vielleicht fortdauernde Konflikte zu vermeiden – manche Chartas ähneln der Dokumentation einer Therapie, deren Erfolg der Patient selbst nicht zu trauen scheint. Überhaupt ist es bei der Formulierung hilfreich, sich die mögliche Einbeziehung eines erweiterten Adressatenkreises vor Augen zu halten. Das zwingt zu einer klaren und entschiedenen Sprache, was wiederum der verpflichtenden Kraft des Dokuments zugutekommt. Auch wird die Charta so späteren Generationen eher einleuchten.

In der Praxis hat sich ein klar gegliederter Aufbau bewährt. Die Familiencharta beginnt mit einer Präambel, der Artikel über Werte, Ziele und Rollen in Familie und Unternehmen folgen. Auf dieser Grundlage fußt das Organisationsstatut, das die Institutionen einer Unternehmerfamilie – vom Familientag als der Vollversammlung der Familienmitglieder bis hin zu einem Family Office zur gemeinsamen Verwaltung des Familienvermögens – näher beschreibt, sowie diverse Verfahrensregeln. Ihren Abschluss bildet ein Anhang, in dem die Spielregeln des familiären Miteinanders, beispielsweise ein Fairness- und ein Verhaltenskodex, konkretisiert werden (Abb. 9.2).

Eine Familiencharta enthält nicht zwingend sämtliche aufgeführten Bausteine. Die kurze und grundsätzliche Charta muss nicht schlechter sein als die lange und detailgenaue. Da sie die fundamentalen Verhältnisse in einer Unternehmerfamilie klärt, ist sie auf Dauer angelegt. Natürlich muss eine Familie ihre Charta veränderten Bedingungen anpassen. Sie ist aber auch das kontinuitätsverbürgende Element in einer sich rapide wandelnden Welt. Sicherheit und Orientierung vermag sie nur dann zu geben, wenn ihre Inhalte stabil und nicht beliebig disponibel sind. Eine Familiencharta sollte im Zeithorizont von etwa 10 Jahren operieren.

Was gehört in eine Präambel? Naheliegenderweise könnte man auf Traditionsbestände der Familie, wie zum Beispiel das Familienmotto, verfallen. In der Tat können sie hierhin gehören, sie müssen es aber nicht. Außerdem würden sie die

Präambel	• Geltungsbereich und Präambel
Werte	• Werte für Familie und Unternehmen
Ziele	• Ziele für Familie und Unternehmen • optional: Ziele für das sonstige Vermögen
Rollen	• Bedeutung der Familie für das Unternehmen • Die Familie als Gesellschafter • Die Familie in der Geschäftsführung • Die Familie im Beirat • Mitarbeit und Dienstleistung von Familienmitgliedern • Sonstige Verträge • Verantwortliche Familie/Unternehmen • Ehe- und Lebenspartner
Institutionen	• Familientag • Familienausschuss • Family Office
Schlussbemerkung	• Schlussbemerkung und Unterschriftenzeile
Anhang	• Familienstammbaum • Regeln für den Umgang miteinander • Regeln zu Information • Regeln zu Qualifikation

Abb. 9.2 Aufbau einer Familiencharta

Präambel weder füllen noch ihr Anliegen sichtbar machen. Die Präambel ist der natürliche Ort für Konsensformel und Selbstverpflichtung der Familie. Die Familiencharta ist schließlich nicht rechtlich verbindlich, sondern beruht auf Selbstbindung. Um das zu dokumentieren und ihre verpflichtende Kraft herauszustellen, gehören diese beiden Elemente an den Anfang:

„Wir, die drei Stämme der Familie Castorp, haben uns nach jahrelangen Kraft, Zeit und Geld verschlingenden Auseinandersetzungen darauf geeinigt, uns zukünftig als eine Familie verstehen zu wollen. Unser gemeinsames Vermögen wollen wir zum Nutzen aller verwalten und mehren. Um das zu erreichen, verpflichtet sich jedes Mitglied unserer Familie, alles zu tun, was diesem Ziel günstig und alles zu unterlassen, was ihm ungünstig ist. Zu diesem Zweck haben wir die nachstehende Familiencharta formuliert, die zukünftig unser Denken und Handeln bestimmen soll."

Sie könnte auch lauten: *„Mit dieser Charta knüpfen wir an das an, was den Erfolg unseres Vaters Paul Pallocks bestimmt hat, seinen unternehmerischen Wagemut,* *seinen Fleiß und sein Durchhaltevermögen. Wir – seine Kinder – verpflichten uns hiermit seinem Wunsch entsprechend, das unternehmerische Lebenswerk als Familienunternehmen zu erhalten."*

Die Präambel sollte also im Kern enthalten, wohin die Unternehmerfamilie will und was sie dazu motiviert. Mit der Präambel ist aber erst der Anfang geschafft. Was dann einen bereits größeren Teil der Familiencharta ausmacht, sind die Resultate der Bestandsaufnahme – der familiäre Konsens über Werte, Ziele und Rollen. Zugleich steht dieser Konsens für das kontinuitätsverbürgende Element der Charta. Zu ihren unveränderlichsten Bestandteilen gehören die Werte. Schon bevor sie in der Charta schriftlich niedergelegt werden, haben sie ihre prägende Kraft für Familie und Unternehmen bestätigt. Sie sind die Wurzeln familiären Selbstverständnisses. Rufen wir uns noch einmal das Ensemble der für Unternehmerfamilien wichtigen Werte ins Gedächtnis. Ganz oben steht, was uns schon in der Präambel begegnet ist, *Familienunternehmen zu sein*. Dahinter folgen dichtauf und nahezu gleichrangig *Qualität, Einfachheit, Selbstständigkeit, Solidität und Bodenständigkeit*. Entwickeln wir einmal den Wert *Solidität* als Bestandteil der Familiencharta:

„Solidität bestimmt den Auftritt der Familie wie des Unternehmens nach außen. Solidität steht für Maßhalten, Integrität im Umgang mit Kunden, Lieferanten und Mitarbeitern. Sie dient als Richtschnur für die Geschäftsführung und als Maßstab für gemeinsame Investitionen."

Die Charta ist für die Unternehmerfamilie die Chance, einen mehr oder minder vagen Konsens aus dem Ungefähren ins Konkrete zu befördern. Erst durch die schriftliche Niederlegung gewinnt er die Autorität, die ihm Geltung verschafft. In vergleichbarer Weise werden alle Werte einer Familie zum Bestandteil der Charta. So hilft sie, die Traditionen der Familie mit Leben zu erfüllen und dem gemeinsamen Handeln Sinn zu verleihen. Hat sich die Familie auf einen Wert verständigt, muss das nicht für alle Zeiten so bleiben. Damit kommt ein weiteres Moment ins Spiel, das unverzichtbar ist – die Verfahrensregeln, nach denen die Änderung einer Charta erfolgt. Für die Werte dürfte Folgendes gelten: Da sie sich in den Zeitläuften bewährt haben und häufig schon für Generationen Geltung beanspruchen, ist eine Veränderung des Wertefundaments nicht ohne weiteres möglich. Die Werte betreffen die Identität der gesamten Familie. Deshalb sollten Änderungen auf einen möglichst breiten Konsens zielen.

Demgegenüber sind die Ziele bereits flüssiger, wobei das in stärkerem Maße für die Unternehmensziele gilt als für die der Familie. Das Ziel der *familiären Geschlossenheit* ist allerdings ähnlich unveränderlich wie die Werte. In einer Charta könnte die Formulierung eines Zieles wie *Bildung von Privatvermögen* etwa so aussehen:

> *"Nach vorne schauend werden die Gesellschafter gemeinsames Privatvermögen bilden, um der für die nächsten Generationen zu erwartenden Zersplitterung vorzubeugen. Damit soll die tatsächliche Möglichkeit geschaffen werden, weichende Erben abzufinden und den Gesellschafterkreis für die Zukunft überschaubar zu halten, vielleicht auch nur auf jeweils einen Vertreter der Stämme Hannelore, Hans, Heinrich und Hubert Häbel begrenzt."*

Eine derartige Zielkongruenz wie in unserem Beispiel die Bildung von Privatvermögen, das zugleich dem Ziel dient, den Gesellschafterkreis zu begrenzen, gehört ebenso in die Familiencharta wie ein Zielkonflikt. Die Bildung von Privatvermögen kann beispielsweise in Konflikt mit der Erhöhung der Eigenkapitalquote geraten. Solche Kongruenzen und Konflikte zu thematisieren und bewusst zu machen, zählt zu den Vorzügen der Charta. Hier erfüllt sie zugleich die Funktion eines kollektiven Gedächtnisses der Unternehmerfamilie. Aus diesem Grund ist nicht nur die Regelung an sich wichtig, sondern auch das ihr zugrunde liegende Motiv. Dagegen gehören unternehmensstrategische Fragen nicht in eine Familiencharta.

Die Brisanz des Rollenthemas hat uns schon mehrfach beschäftigt. In der Familiencharta nimmt es eine entsprechend exponierte Stellung ein. Bei der Rollenthematik sind zwei Bereiche zu unterscheiden: Das Selbstverständnis als Unternehmerfamilie und die Organisation der Familie. Das Selbstverständnis war früher leichter zu bestimmen als heute. Die Lebensverhältnisse sind im Fluss, die Frage, wer zur Familie gehört, ist nicht mehr so einfach zu beantworten. Scheidungen, erneute Heirat oder serielle Partnerschaften sind an der Tagesordnung und sorgen einschließlich der Kinder, die aus den Beziehungen hervorgehen, für das, was mit dem Begriff Patchwork treffend beschrieben wird. Dieser Bereich betrifft mithin Grundsatzentscheidungen. Entsprechend tritt der Charakter der Charta als im Wortsinn strategisches Dokument besonders deutlich hervor. In ihr legt sich die Familie langfristig fest, was es für sie bedeutet, Unternehmerfamilie zu sein und welche Folgen das für die Rollen der Familienmitglieder hat. Konkret – sie muss zu heiklen Fragen Stellung nehmen: Was ist mit den Geschiedenen, mit den Stiefkindern, was ist ihnen erlaubt, was nicht? Wer kann beteiligt werden? Wer führt? Wer darf mitarbeiten? Ihrer Bedeutung entsprechend stellen diese Entscheidungen Planungssicherheit her. Für Geschäftsführung und Mitarbeit könnte das Folgendes bedeuten:

> *"Familienunternehmen zu sein bedeutet für uns idealerweise die operative Führung durch Gesellschafter. Nachdem aber unsere Eltern mit der gemeinschaftlichen Geschäftsführung schlechte Erfahrungen gemacht haben, favorisieren wir als Abkömmlinge der Stämme Karl jun., Kuno und Katharina Köttgen folgendes Modell: Es soll nur ein Familienmitglied, das willens und qualifiziert ist, das Unternehmen führen. Das Anforderungsprofil mit Karrierepfad und Regeln für ein faires Auswahlver-*

fahren sind in der Anlage beigefügt. Eine Mitarbeit von Familienangehörigen unterhalb der Geschäftsführungsebene ist nicht gewollt. Desgleichen ist die Mitarbeit von Angeheirateten auf jeder Ebene ausgeschlossen."

Zum Rollenthema gehört zweitens die Organisation, die Besetzung der Institutionen einer Familie. Das können die Positionen des Verantwortlichen für die Belange der Familie, des Familienrates oder der Organisatoren des Familientages sein.

Für die Institutionen gilt ein Grundsatz: Nicht so viel wie möglich, sondern nur so viel wie nötig. Einfache Strukturen sind die besten Strukturen. Aber es gilt auch: Institutionen schaffen Klarheit, und deshalb sind sie in einer wachsenden Familie notwendig. Für die Gründergeneration und die Geschwistergesellschaft ist der Organisationsbedarf naturgemäß gering, aber nicht unverzichtbar. Auch zahlenmäßig kleine Familien sollten nicht den Fehler machen, die wichtigste Institution einer Unternehmerfamilie, den Familientag, einfach für überflüssig zu erklären, da man sich ja ohnehin jeden Tag beim Mittagessen sieht. Schon hier heißt es, nach vorne zu schauen. Der Familientag benötigt seinen eigenen Ort und seinen eigenen Rahmen – umso besser wird er funktionieren. Hinzu kommt der feste Turnus, und nicht nur das. In die Charta gehört neben der Verpflichtung, den Familientag mindestens einmal pro Jahr durchzuführen, die Klärung von Zuständigkeit und Organisation. Der Familientag ist die Basisorganisation einer Unternehmerfamilie. Je größer eine Familie oder ihr Vermögen ist, desto sinnvoller ist die Zuweisung von Aufgaben an weitere familieneigene Institutionen wie Familienrat oder Family Office. Wie das im Einzelnen gestaltet sein kann, zeigen folgende Kapitel. Es sind diese Institutionen, die dafür sorgen, dass eine Unternehmerfamilie ihre Charta mit Leben erfüllt.

Der *Anhang* mit allgemeinen Regeln und Konkretisierungen bildet den Abschluss der Familiencharta. Zu den allgemeinen Regeln gehört an erster Stelle ein *Fairnesskodex*, der die Familie mindestens auf die Minimalregeln konstruktiven Verhaltens verpflichtet: nicht als erster gegen Regeln zu verstoßen, keine Tricks zu versuchen und bereit sein zu verzeihen. Dazu gehört zweitens ein *Verhaltenskodex*, der die Familie auf Regeln für den Konfliktfall verpflichtet. Beispielsweise auf die Grundsätze, miteinander und nicht übereinander zu reden und nicht ungefragt Ratschläge zu erteilen.

Keine Familiencharta kommt ohne Verfahrensregeln aus. Erinnern wir uns noch einmal an den Ursprung zahlreicher Konflikte. Freihändiges Entscheiden ist nur beim Gründer unproblematisch, von der Regelung der Nachfolge einmal abgesehen. Aber schon bei Geschwistern rufen Willkür oder Durchbrechung vorhandener Regeln im Einzelfall nicht nur Widerstand hervor, sondern werden – Auge um Auge – rasch zur Regel: „Wenn der das darf, darf ich das auch." Dauerhafte Kooperation geht nie ohne Konflikte ab, und weil das so ist, bleibt sie auf Verfahren angewiesen. Aus diesem Grund muss eine Familiencharta entsprechende Modalitäten für ihre Anpassung und die Besetzung von Ämtern vorsehen.

Was Änderungen der Familiencharta angeht, sollte auf möglichst einfache Verfahren gesetzt werden. Manche Familie wird überhaupt auf Verfahrensregeln verzichten und sie ad hoc vereinbaren. Ohnehin sollten breite Mehrheiten das Ziel familiärer Verständigung sein. Vertrauen ist durch nichts zu ersetzen, zu häufige Kampfabstimmungen beschädigen die Geschlossenheit. Aus diesem Grund erledigt sich auch die Frage nach Sanktionsinstrumenten der Charta – es gibt sie nicht. Wenn Regeln wiederholt durchbrochen werden, wenn gemeinsame Entscheidungen ihre verpflichtende Kraft verlieren, dann kann das kaum im Rahmen der Charta sanktioniert werden. Die Sanktion heißt dann kurz und knapp: Exit.

Und noch etwas: In der Familiencharta soll auch die Geschichte einer Unternehmerfamilie bewahrt werden. Nicht in dem Sinn, sie als Familienchronik misszuverstehen, sondern um die Gründe bestimmter Regelungen für die nachfolgenden Generationen im Gedächtnis zu halten. Deshalb bietet es sich an, bei einzelnen Regelungen das auslösende Motiv zu erwähnen. Ob die Familie Köttgen in 50 Jahren noch so ohne weiteres weiß, dass die rigide Regelung der Alleingeschäftsführung das Resultat schlechter Erfahrungen mit einem Team an der Spitze war, ist zu bezweifeln.

Businessfassung, Leitbild, Leitlinien

Als Bestandteil der Family Governance ist es natürlich auch sinnvoll, die Inhalte der Familiencharta jenseits der Familie zu kommunizieren – nämlich im Unternehmen. Nicht jede Familie ist dazu bereit, es ist auch nicht in jedem Fall sinnvoll, aber da wo es möglich ist, wäre es eine vertane Chance, es nicht zu tun. Da die Charta vertraulich ist und nur den Familienmitgliedern und wenigen Vertrauten vorbehalten ist, bedarf es einer Reduktion auf die Aussagen, die für die Adressaten im Unternehmen von Bedeutung sind – der externen Führungskräfte einschließlich familienfremder Mitglieder eines Beratungs- oder Kontrollgremiums auf der einen und der Mitarbeiter auf der anderen Seite.

Entschließt sich die Familie, die Ergebnisse der Familienstrategie den Fremdmanagern und Beiräten zugänglich zu machen, geschieht das in Form einer Businessfassung der Charta. Dort hinein gehört, was der Familie wichtig ist: ihre Werte und Ziele, die das Unternehmen und die Führungskultur prägen, welche Rollen ihre Mitglieder übernehmen, was sie von Führungskräften und Mitarbeitern erwartet. Mithilfe der Businessfassung gibt die Familie der Führungsebene den Rahmen vor, innerhalb dessen das Unternehmen geführt wird. Zumal bei einem reinen Fremdmanagement und einem mehrheitlich mit Externen besetzten Beirat ist es zentral wichtig, diese Vorgaben zu kommunizieren. Dann sind die Werte und Ziele der Familie das Medium, über das sie das Unternehmen in ihrem Sinn prägen kann. Unterbleibt die Klärung, wie die Familie das Unternehmen geführt sehen will, operieren die Führungskräfte in einem Informationsvakuum. Weiß keiner, was von ihm erwartet wird, sind Missverständnisse, Übergriffe und Vertrauensverlust vorprogrammiert.

In jedem Fall sinnvoll ist ein sogenanntes *Leitbild*. Es schlägt die Brücke zu den Mitarbeitern. Im Leitbild werden die Kernaussagen der Charta, wie die Familie das Unternehmen sieht und was sie von ihm erwartet, für die Belegschaft konzentriert; es stellt einen Extrakt der Charta dar. Es muss jedoch nicht bei diesen wenigen Aussagen bleiben. Jenseits des Leitbildes kann die Familie in Zusammenarbeit mit dem Management auch Leitlinien formulieren, die für die Führungskultur im Unternehmen maßgeblich sind. Gleichgültig ob die Familie oder ein Fremdmanagement operativ führt, sind dokumentierte Leitlinien ein bedeutender Gewinn. Durch sie können die Werte und Ziele der Familie in die Führungspraxis übersetzt und als Führungskultur wirksam werden.

Beispiel einer Familiencharta

Keine Familiencharta ist wie die andere, eine große Unternehmerfamilie wird wahrscheinlich mehr Institutionen und stärker formalisierte Verfahren brauchen. Eine durch Streit beschädigte Familie wird – ob es ihr nun gefällt oder nicht – die Gemeinsamkeiten in der Familie stärker fördern müssen. Der Gründer eines kleineren Unternehmens wird kaum über ein Family Office nachdenken. Um eine präzisere Vorstellung zu vermitteln, wird im Folgenden eine Muster-Charta vorgestellt. Als Beispiel dient die Unternehmerfamilie Geseke. In diesem Familienunternehmen bestehen Spannungen zwischen dem geschäftsführenden Gesellschafter und den drei nichttätigen Gesellschafterinnen. In der dritten Generation wird sich die Zahl der Gesellschafter mehr als verdreifachen. Die Fragen von Führungs- und Beteiligungsnachfolge sind offen.

Charta der Unternehmerfamilie Geseke

Präambel
Wir, die Stämme Gertrud, Gerhild, Gerlinde und Gerd Geseke fühlen uns dem unternehmerischen Erbe unseres Vaters und Großvaters Gerd Geseke sen. verpflichtet. Diese Charta soll unserer Generation und den nachfolgenden helfen, dieser Verpflichtung gerecht zu werden. Sie bedeutet für uns, jetzt und für die Zukunft wirtschaftlich eine gemeinsame Linie zu verfolgen und das Vermögen der Familie zu mehren. Wir wollen das in Eintracht und Respekt voreinander tun. Leiten soll uns der Wahlspruch des Seniors aus seinem heimischen Magdeburger Platt: Ran wecke! – die Aufforderung für jeden, mit anzupacken, wo es nötig ist.

Werte
Unser Handeln in Familie und Unternehmen beruht auf den Grundüberzeugungen, die es unserem Vater und Großvater nach dem Verlust seiner Heimat ermöglicht haben, sein unternehmerisches Lebenswerk aufzubauen:

__Unabhängigkeit__ beschreibt unsere Haltung – sowohl in geschäftlichen als auch in persönlichen Angelegenheiten. Wir haben uns nur da geschäftlich engagiert, wo wir als Familie unmittelbar Einfluss nehmen konnten. Zugleich haben wir Abhängigkeiten auf ein Mindestmaß beschränkt – gegenüber Lieferanten und Kunden, gegenüber Kooperationspartnern und Banken. Unabhängigkeit respektieren wir auch untereinander. Wir sind als Familie eine Einheit, aber eine Einheit in Vielfalt.
__Solidität__ bestimmt unser Verhalten bei wirtschaftlichen Entscheidungen. Nicht der kurzfristige Erfolg leitet unser Handeln. Wir waren stets langfristig orientiert. Erfolg erschöpft sich dabei nicht allein in Renditeerwartungen, hierhin gehört auch das Interesse am Wohlergehen unserer Mitarbeiter und unserer Region.
__Tatkraft und Optimismus__ wurden bei uns stets großgeschrieben. Das hat uns befähigt, unsere Ziele beharrlich zu verfolgen, offen, aber konstruktiv zu streiten und zu entscheiden. Das hat uns auch befähigt, unseren leitenden Mitarbeitern Vertrauen zu schenken und sie zu motivieren.

Ziele
Wir wollen ein Familienunternehmen bleiben. Da die Familie wachsen wird und mit ihr der Kreis der Gesellschafter, stellt uns das vor neue Herausforderungen. Um ein Familienunternehmen bleiben zu können, werden wir alles tun, um das Interesse der Familienmitglieder am Unternehmen zu erhalten und das Verständnis

für geschäftliche Belange und die spezifischen Anforderungen eines Familienunternehmens aktiv zu fördern.

Dazu werden wir den Zusammenhalt stärken und weiterentwickeln, um die Familie zu stabilisieren und Konflikten, die uns schwächen würden, entgegenzuwirken. Außerdem gilt: Die Interessen des Unternehmens und der Familie gehen den Interessen eines Stammes oder eines Einzelnen vor.

Rollen
Familienmitglieder im Sinne der Charta sind die Gesellschafter und ihre Kinder sowie ihre Ehepartner.

Familienunternehmen zu sein, bindet sich für uns an zwei Dinge: Zentral ist es, das Eigentum im Kreis der leiblichen Familienmitglieder zu halten. Idealerweise soll auch die operative Führung des Unternehmens in den Händen eines leiblichen Abkömmlings liegen, der qualifiziert und willens ist. Zur Objektivierung des Auswahlverfahrens werden die Gesellschafter in Abstimmung mit dem Beirat ein Anforderungsprofil erarbeiten, das dieser Charta als Anlage beigefügt wird. Darüber hinaus ist sich die Familie einig, dass die tatsächliche Auswahl des Familiengeschäftsführers auf die externen Mitglieder im Beirat übertragen wird. Die im Gesellschaftsvertrag festgelegte Altersgrenze für Geschäftsführer dient dazu, den Stabwechsel bei der Übergabe an die folgende Generation zu entlasten. Außerdem wird zukünftig die Mitarbeit von Familienmitgliedern unterhalb der Geschäftsführungsebene ausgeschlossen. Auf diese Weise sollen die Beziehungen zwischen Familie und Unternehmen vereinfacht und Konflikte vermieden werden. Die Gleichordnung auf der Gesellschafterebene verträgt sich nicht mit der Hierarchie im Unternehmen.

Institutionen
Einmal jährlich findet am ersten Juni-Wochenende der Familientag in Rottach-Egern statt.

Der Familientag soll unseren Zusammenhalt weiter stärken und die nachfolgenden Generationen an das Unternehmen heranführen. Die Unternehmerfamilie wählt auf dem Familientag aus ihrer Mitte einen Verantwortlichen für die Belange der Familie. Erforderlich ist eine Mehrheit von mindestens zwei Dritteln ihrer Mitglieder über 18 Jahren. Die Amtszeit des Gewählten beträgt vier Jahre. Der Verantwortliche für die Familie organisiert die Vorbereitung und Durchführung des Familientages. Zu seinen Aufgaben gehören außerdem ein Treffen für die nachwachsende Generation und die Pflege des Familienstammbaums.

Zur Unterstützung des Verantwortlichen für die Familie dient zunächst ein kleines Sekretariat. Für die Zukunft soll geprüft werden, inwieweit dieses Sekretariat zu einem echten Family Office weiterentwickelt werden soll.

Anlagen
Dieser Familiencharta sind beigefügt:

Familienstammbaum
Fairnesskodex
Verhaltenskodex
Anforderungsprofil
Unternehmensleitlinien

Schlussbestimmung
Jedes Familienmitglied über 16 Jahre erhält ein Exemplar dieser Charta mit allen Anlagen, ebenso die Fremdgeschäftsführer und die externen Beiräte. Diese Charta bleibt in Kraft, bis der Familie eine Anpassung sinnvoll erscheint.

An diesem Beispiel wird neben möglichen Inhalten einer Familiencharta weiter deutlich: Die Familienstrategie respektiert in jedem Fall den Wunsch einer Unternehmerfamilie, ihr Schicksal selbst zu gestalten, mag der Weg auch nicht optimal sein. Aber die Familie ist sich immerhin dessen bewusst, was sie tut und kann so die problematischen Folgen der gewählten Konstellation begrenzen. Worauf es der Familienstrategie ankommt: Die Gesekes haben diese Lösung gehörig reflektiert und Strukturen geschaffen, die eine Zusammenarbeit auf Dauer möglich machen. Die Familie gestaltet, sie lässt es nicht laufen.

Die Institutionen

10

Die Institutionen sind das organisatorische Innenleben einer Unternehmerfamilie. Sie bilden sozusagen die Hardware der Family Governance, während die in der Familienstrategie erarbeiteten Grundüberzeugungen und Regeln die Software darstellen. Die Institutionen sind das Gerüst, das die Familie gegen die Entfremdung stabilisiert. Sie erzeugen das Bewusstsein eines gemeinsamen Interesses und das Verantwortungsgefühl, das die Familie im Ensemble der Funktionskreise im Familienunternehmen zu einem gestaltungsfähigen und berechenbaren Faktor macht. Die Institutionen stehen als zentraler Bestandteil der Familiencharta dafür, dass eine Family Governance tatsächlich in Gang gesetzt wird.

Die Familiencharta darf kein einmaliges Bekenntnis guter Absichten in Sachen Kooperation sein, das anschließend in der Schublade verschwindet. Die Familienstrategie hat Zeit und Geld gekostet. Was die Familie dort gewonnen hat, sollte sie kultivieren. Gesellschafter haben erfahren, dass sie gemeinsam Entscheidungen treffen, Geschwister, wie sie sich verständigen können, ohne in Streit zu geraten, Cousins und Cousinen haben begriffen, warum es sinnvoll ist, gemeinsam investiert zu sein. Die gewonnenen Fähigkeiten zu bewahren und weiterzuentwickeln, lohnt sich. Sonst muss jede Generation von vorne anfangen. Und es lohnt sich, gegen die Zwänge des Alltags Zeit zu investieren. Die Institutionen einer Unternehmerfamilie dienen dazu, Informationen zu vermitteln, Interessen zu bündeln und Entscheidungen zu treffen. Das greifbare Ergebnis dieses Investments ist eine klare Verbesserung der Handlungs- und Entscheidungsfähigkeit.

Funktionierende Zusammenarbeit erfordert also Übung und Gleichmäßigkeit. Was die Unternehmerfamilie in der Familienstrategie gelernt hat, wird sie jetzt selbstständig und ohne Anleitung im Unternehmen, im Gesellschafterkreis und in den Institutionen fortzuführen haben. Institutionen sind in einer Unternehmerfamilie nichts Neues. Jeder kennt sie, die starken und angesehenen Persönlichkeiten und die informellen Gremien, in denen die sitzen, deren Meinung etwas gilt. In vielen Familien ist die Autorität des Familienoberhaupts der gewichtige Faktor schlechthin, in anderen geht nichts ohne die Entscheidung des Familienrates, dem zumeist die Gesellschafter oder die Stammessprecher angehören. Was diesen Institutionen eigentümlich ist: Sie sind gewachsen, sie beruhen auf natürlicher oder faktischer Autorität. In diese Position gelangt man nicht durch Wahl, sondern durch Berufung oder Bestätigung, und sie bewahren ihre Entscheidungsautonomie durch den Ausschluss der übrigen Familienmitglieder. Mit einiger Berechtigung könnten diese Institutionen mit Misstrauen auf jene blicken, die die Familiencharta mit Leben erfüllen sollen. Jene aber sollen diese nicht obsolet machen; sie werden das auch kaum können – dafür sorgt schon die Stabilität des natürlich Gewachsenen. Andererseits haben diese Gremien im Vorfeld der Familienstrategie ihre Grenzen erfahren. Schließlich waren sie es, die den familiären Frieden nicht bewahren konnten, und die Ursache wird oft genug in Legitimationsdefiziten zu finden sein. Dadurch sind sie häufig gravierend beschädigt und nicht mehr in der Lage, ihre zentralen Funktionen zu erfüllen: die Familie zusammenzuhalten und das Unternehmen zu führen. Deshalb liegt es nahe, den vorhandenen Rahmen durch neue, transparentere und stärker auf Teilhabe zielende Institutionen zu ergänzen.

Die Institutionen der Charta bilden ein Gerüst von Strukturen, das die Familienmitglieder näher zusammenführt, Willkür reduziert und in Krisenzeiten stabilisiert. So wie die Holding als Strukturmodell zur Organisation und Führung einer Unternehmensgruppe dient, bündelt der Familientag die Aktivitäten in der Familie. Die Ausgestaltung des institutionellen Rahmens einer Unternehmerfamilie hängt von zahlreichen Faktoren ab: der Zahl der Familienmitglieder, der Stämme, der Generationen, der Größe des Vermögens. Große und seit Generationen etablierte Familien verfügen oft über ein erstaunlich komplexes Organisationsgefüge bis hin zu einem Nominierungskommitee zum Zweck der internen Führungsauslese oder einem Rat für die familieneigene Stiftung.

Die klassische Institution einer Unternehmerfamilie und zugleich das organisatorische Minimum ist der Familientag als Vollversammlung der Familienmitglieder. Damit ist in der Regel der Bedarf einer Unternehmerfamilie gedeckt; besser zunächst etwas weniger und dafür einfacher als zu differenziert und nicht praktikabel. Außerdem hat in Unternehmerkreisen eine Einrichtung in den letzten Jahren rasant an Bekanntheit gewonnen: das Family Office – eine Folge der Professionalisierung in der Vermögensverwaltung.

Familientag

Der Familientag ist auch ein Familientreffen. Er ist aber erheblich mehr als das. Er hat eine emotionale und gesellige Komponente – im Vordergrund aber steht das Unternehmen oder das Familienvermögen. Es geht also um viel Geld. Diese gemeinsame Investition erfordert mehr Engagement und Kooperation als ein Aktiendepot, das nach der Buy-and-Hold-Strategie geführt wird. Aus der Tatsache, gemeinsam in einem Familienunternehmen investiert zu sein, folgt ein hohes Maß an Verpflichtung, am Familientag teilzunehmen und aktiv an seinem Erfolg mitzuarbeiten – also der Entfremdung etwas entgegenzusetzen. Das positive Bewusstsein eines gemeinsamen Interesses soll dazu beitragen, Konflikte zu überwinden, eine Gesprächskultur zu entwickeln und Entscheidungsfähigkeit zu beweisen. Und der Familientag ist etwas Besonderes, alle Familienangehörigen nehmen an ihm teil. Alle: das bedeutet Gesellschafter und Nichtgesellschafter, Ehegatten und dauerhafte Lebenspartner, vor allem auch sämtliche Kinder. Und er hat für alle oberste Priorität, ganz nach dem Motto „Geht nicht, gibt's nicht". Nur so lässt sich eine Tradition begründen, deren Unbedingtheit auch den nachwachsenden Generationen zur Selbstverständlichkeit wird und klarstellt, dass dieser Familientag jeder individuellen Zeitplanung vorgeht.

Was so bedrohlich daherkommt, muss so unangenehm nicht sein. Für bedeutende deutsche Unternehmerfamilien ist ein solcher Familientag – mag er so heißen oder nicht – seit Generationen gepflegte Übung. Zur Begründung einer Tradition bietet es sich an, solche Treffen immer zum gleichen Zeitpunkt im Jahr und möglichst auch am gleichen Ort zu veranstalten. Je früher eine Familie einen Familientag etabliert, desto selbstverständlicher ist es für alle, dass die Golf-Woche an der Algarve kein ausreichender Grund ist, das Treffen abzusagen.

Im Hinblick auf den Familientag tut schon der Gründer gut daran, nach vorne zu schauen und die Dinge nicht laufen zu lassen. Prima vista dürfte ihm die Etablierung eines Familientages reichlich gekünstelt und denkbar überflüssig erscheinen. Aber noch einmal: Auch wenn die Familie sich täglich sieht – der Familientag durchbricht die Routine des Tagesgeschäfts. Der andere und formalisierte Rahmen verändert den Blick auf und die Stellung der Familienmitglieder zum Unternehmen. Nur die Durchbrechung der Routine, die Verpflichtung zur Teilnahme, der andere Ort, die Tagesordnung, die erledigt werden muss, heben den Familientag heraus und erzeugen das Bewusstsein eines gemeinschaftlichen Interesses. Die Begründung einer solchen Tradition hilft, den sich zukünftig erweiternden Kreis der Familie zu integrieren und die Bedeutung von Unternehmen oder gemeinsamem Vermögen für die Familie auch den Schwiegerkindern oder Lebenspartnern und der nachwachsenden Generation zur Selbstverständlichkeit werden zu lassen. Auch das heißt, nach vorne zu schauen.

Auf diese Weise wird der Familientag langfristig zur Schule der Generationen. Dort lernt die zukünftige Geschwistergesellschaft, Team zu werden und ebenfalls nach vorne schauend, die Herausforderung von Zersplitterung und Entfremdung in der folgenden Generation frühzeitig anzunehmen. Nun ist dieser Idealfall nicht die Regel. Viel häufiger wird eine Familienstrategie ein neues Kooperationsbewusstsein in eine bereits zersplitterte oder sich entfremdete Familie hineintragen. Dann ist der Familientag eine der Gelegenheiten, in der eine Familie überhaupt erst lernt, sich zusammenzuraufen, auf ein gemeinsames Interesse zu verpflichten oder sich kennenzulernen.

Wirklich gut funktionierende Familientage fallen nicht vom Himmel. Da eine Familie zunächst keine Übung hat, eine solche Veranstaltung durchzuführen, wird dieses Instrument nicht von Anfang an alle Funktionen erfüllen. Auf keinen Fall sollte eine Unternehmerfamilie den fundamentalen Fehler begehen, Gesellschafterversammlung und Familientag miteinander zu verbinden. Beides muss zeitlich und räumlich getrennt bleiben. Das verhilft zum einen dem Familientag zu seinem ganz eigenen Stellenwert, und zweitens beugt es einer Vermischung der Sphären von Gesellschaftern und Gesamtfamilie vor. Die einen müssen nicht die Einmischung Sachunkundiger in ihre Belange fürchten und die anderen nicht, mit Zahlen und Spezialfragen behelligt zu werden.

Zum Familientag gehört ein strukturierter Ablauf – es gibt eine Tagesordnung. Diese Tagesordnung regelt das Spektrum dessen, was ein Familientag leisten sollte:

- Information
- Diskussion
- Entscheidung über Sachfragen
- Wahlen
- Geselligkeit

Wie er letztlich gestaltet wird, hängt von der Unternehmerfamilie, ihren spezifischen Interessen und Bedürfnissen ab. Um die Reihe der fiktiven Beispiele in diesem Buch zu beschließen: Der Familientag der in zweiter Generation bestehenden

Erster Tag

09.00-10.00 Uhr:	gemeinsames Frühstück
10.00-11.00 Uhr:	Aktuelles aus der Geschäftsführung: Manfred und Martin berichten über die Eröffnung des spanischen Tochte-unternehmens
11.30-12.15 Uhr:	Vorstellung von Herrn Dr. Merz, dem neuen Geschäftsführer Finanzen/Controlling
12.30-13.30 Uhr:	gemeinsames Mittagessen
14.00-15.00 Uhr:	Diskussion und Abstimmung über den Entwurf von Matthias zu Einstellungsrichtlinien für die Mitarbeit von Familienmitgliedern im Unternehmen
anschließend:	für alle Segler: Jollen-Regatta auf dem See für alle Nicht-Segler: geselliges Beisammensein auf der Seeterrasse
Ab 20.00 Uhr	Barbecue im Yacht-Club

Zweiter Tag

09.00-10.00 Uhr:	Personalien: Wiederwahl von Margit als Verantwortliche für die Belange der Familie Nachfolge Manuel in der Immobilienverwaltung des Family Office: Martha und Moritz stehen zur Wahl Verteilung der Aufgaben für den 80. Geburtstag von Manfred sen.
10.00-11.00 Uhr:	Vortrag Frau Strate: Unternehmerfamilie im Wandel - Herausforderungen der dritten Generation
11.30-12.30 Uhr:	Vortrag Herr Dr. Just, RA: Die Familien-Holding
13.00 Uhr:	gemeinsames Mittagessen
anschließend	Abreise

Sämtliche Sekte und Weine, die wir auf dem Familientag reichen, entstammen dem Sortiment unseres neuen spanischen Großkunden Bodegas S.P. Rondo Rodriguez

Abb. 10.1 Programm eines Familientages

Manfred Mertens Getränkeabfüllmaschinen GmbH & Co. KG könnte bereits ein differenziertes Programm aufweisen, das alle diese Aspekte enthält (Abb. 10.1).

Der Familientag wird so zu einem bedeutenden und wichtigen Datum im Kalender. Er verschafft der Familie als Unternehmerfamilie das adäquate Forum. Er steht zwischen reinen Familienfeiern wie Hochzeit und Taufe auf der einen und der Gesellschafterversammlung auf der anderen Seite. Weder muss bei der Geburtstagsfeier zum wiederholten Male Sinn und Unsinn der vorweggenommenen Erbfolge diskutiert werden, noch wird die Gesellschafterversammlung durch die Frage aufgehalten, welches Familienmitglied wo im Unternehmen arbeiten darf. Solche Themen erfordern ein eigenes Forum. Sie gehören nicht auf die Gesellschafterversammlung, weil sie nicht nur die Interessen der Gesellschafter, sondern vieler berühren. Und sie betreffen das Unternehmen und sollten als solche kein Thema auf Familienfeiern sein.

Beim Familientag hat die Familie darüber hinaus Gelegenheit, mit Personen zusammenzukommen, auf die sie sonst nicht ohne weiteres trifft. Kein Mensch käme auf die Idee, die ganze Familie vor der Gesellschafterversammlung zusammenzuholen, um einen neuen Geschäftsführer vorzustellen. Eine Vorstellung auf dem Familientag nutzt sowohl dem neuen Geschäftsführer, der weiß, mit welchem Kreis er es zu tun, als auch der nachwachsenden Generation, die weiß, mit wem sie zu rechnen hat.

Und noch etwas: Funktionierende Kooperation verstärkt sich wechselseitig. Die Familientage sind wichtige Indikatoren für die Stärke einer Unternehmerfamilie. Die Qualität des Miteinanders dokumentiert den Stand des Erreichten. Das gilt selbstverständlich auch für die Schwerpunkte, die im Vordergrund stehen. Der Familientag ist eine dynamische Institution. Der Kreis der Beteiligten, ihre Aufgaben und die Themen verändern sich im Laufe der Jahre, passen sich den jeweils aktuellen Herausforderungen an.

Die außerordentliche Bandbreite der Themen, die Wahl des Rahmens und der Zuschnitt der Tagesordnung helfen einer Unternehmerfamilie, ihre eigene Identität anschaulich und habhaft zu entwickeln, zu erleben und zu bewahren. Gerade das Bewahren ist für die Entwicklung einer Familienidentität von unschätzbarer Bedeutung. Deshalb ist die Dokumentation der Familientage wichtig. Teilnehmer, Verlauf und Ergebnisse sollten in Bild und Schrift festgehalten und allen Familienmitgliedern zugänglich gemacht werden. Diese Dokumentation erzeugt Geschichte, ist in ihrer identitätsbildenden Wirkung einer mündlichen Tradierung bei weitem überlegen und zentrales Element einer Familienkultur.

Verantwortliche für Familie und Unternehmen

Eine Unternehmerfamilie sollte Wert auf eine schlanke Organisation legen. Aber ganz ohne geht es nicht. Vorgeschlagen wird hier das Modell einer Doppelspitze: Es gibt jeweils einen Verantwortlichen für die Belange der Familie und für die des

Unternehmens. Das hat sowohl einen praktischen wie einen symbolischen Hintergrund. Zum einen soll nicht, wie oft üblich, das Unternehmen in Gestalt des geschäftsführenden Gesellschafters dominieren und die Familie die zweite Geige spielen. Zum anderen ist es schlicht eine Frage der Zeit, Familienbelange angemessen zur Geltung zu bringen. Die Verantwortung für Vorbereitung und Durchführung des Familientages liegt beim Familienverantwortlichen. Bei der inhaltlichen Ausgestaltung kann er sich von allen Familienmitgliedern und dem Unternehmensverantwortlichen unterstützen lassen. Neben seiner Funktion als Organisator ist er Ansprechpartner für die Familienmitglieder, also zugleich Koordinator.

Das Amt des Unternehmensverantwortlichen sollte den aktivsten unter den Gesellschaftern vorbehalten bleiben, also entweder einem geschäftsführenden Gesellschafter, einem Mitglied des Beirats oder dem in Unternehmensthemen engagiertesten Nichttätigen. Von seiner Initiative hängt es ab, welche Themen in die Familie hineingetragen werden. Er repräsentiert die Interessen der Familiengesellschafter. Er kann Ansprechpartner für externe Beiräte und Fremdmanagement, der strategische Kopf oder Vermittler unternehmerischer Belange in die Familie hinein sein. Und er kann beispielsweise als Mentor hoffnungsvoller Talente die zukünftige Führung vorbereiten.

Beide Ämter sind wichtig, beiden kommt hohe Bedeutung zu, beide verlangen ein erhebliches Maß an Engagement. Aber daran kommen die Verantwortlichen nicht vorbei, das muss die Familie in ihrem eigenen Interesse von ihnen fordern können: Einer muss es machen, einer muss sich kümmern. Das ist der Preis der Kooperation, der Preis für intakte und stabile Verhältnisse in einer Unternehmerfamilie. Wie bereits erwähnt, wird der Verantwortliche für die Belange der Familie vom Familientag gewählt. Bei dem anderen Teil der Doppelspitze hängt die Bestimmung von den Umständen ab, es kann der geschäftsführende Gesellschafter als geborener Repräsentant der Unternehmensbelange sein, bei einer Mehrzahl geschäftsführender Gesellschafter ist eine Wahl durch diese oder die Gesamtheit der Gesellschafter denkbar (Abb. 10.2).

Generation	Themen des Familientages
Gründer	**Schau nach vorne!** • Wecken des Interesses für das Unternehmen • Förderung unternehmerischen Handelns und strategischen Denkens • Vorbereiten der Nachfolge
Geschwistergesellschaft	**Werdet ein Team!** • Entwickeln gemeinsamer Ziele und Abklären der Umsetzung • Festlegen von Regeln für Entscheidungsfindung und Umgangsformen • Miteinander tätiger und nichttätiger Gesellschafter • Einüben eines Konfliktmanagements • Integration der Ehe-/Lebenspartner • Vorbereiten der Nachfolge: Zersplitterungsproblematik, Karriereplanung etc.
Familiendynastie	**Haltet die Familie zusammen!** • Entwicklung einer Familienkultur: Pflege und Vermittlung von Traditionen und Werten • Kennenlernen, integrieren, akzeptieren • Aufbereiten von Informationen und strukturierte Unterrichtung • Weiterentwicklung und Optimierung der Strukturen in der Familie • Diskutieren von Portfoliostrategien • Fixierung und Weiterentwicklung von Qualifikationsprofilen • Initiieren von Familienprojekten

Abb. 10.2 Der Familientag im Wandel

Family Office

Unter einem Family Office ist die Idee eines Strukturkonzepts für die gemeinsame Vermögensplanung und -verwaltung des Familienvermögens zu verstehen. Family Offices gab es in Deutschland schon, als sie noch nicht so hießen. Jeder Unternehmensgründer hat zusammen mit seiner Sekretärin oder Buchhalterin ein solches Family Office gebildet. Dort wurden auf der Grundlage der Unternehmensergebnisse Investitionen, private Entnahmen und Vermögensbildung gewichtet, mit dem Steuerberater abgestimmt und durchgeführt. Lebensversicherungen, Bausparverträge, Festgelder, Aktiendepot und Immobilien wurden hier mit überschaubarem Aufwand verwaltet. Nach dem Übergang in die zweite Generation kann sich dieses Bild grundsätzlich verändern. Der Steuerberater des Unternehmens macht nur noch die Steuererklärung für den geschäftsführenden Gesellschafter, nicht aber für seine drei Geschwister. Und jeder beschäftigt seinen Steuerberater, seinen Banker, seinen Rechtsanwalt. Das Strukturmodell des Family Office zielt darauf, die vorhandene und zukünftige Zersplitterungsthematik durch eine gemeinsame Verwaltung zu vereinfachen und die Kosten zu senken. Nicht umsonst firmiert es deshalb in vielen Unternehmerfamilien zunächst als Gesellschafterbüro. Die Synergieeffekte, die durch die Beschäftigung einer Anwalts- und Steuerberatungskanzlei möglich werden, sind beträchtlich. Bei umfangreicheren Privatvermögen sinken Verwaltungs- und Depotgebühren. Die Konzentration in einer Verwaltung erleichtert naturgemäß den Überblick über die Vermögensverhältnisse aller Beteiligten und damit die Datenbasis für Dispositionen. Hier kann es sich anbieten, diese Aufgaben auf ein unabhängiges, gegebenenfalls auch bankengebundenes Family Office zu verlagern. Damit erschließt sich die Familie das Know-how eines echten Wealth Managements, das auf der Basis anerkannter Analyse und Expertise die Vorgaben der Vermögenseigner in die gewünschte Anlagepolitik überführt.

Bei komplizierteren Unternehmensstrukturen – beispielsweise einer Holding mit verschiedenen Untergesellschaften – kann das Family Office zum anderen koordinierende Funktionen übernehmen. Alleine schon die Abwicklung des formalen Prozedere vervielfältigt bei einer verschachtelten Gesellschaftsstruktur den Abstimmungsbedarf im laufenden Geschäft, etwa die Vorbereitung der Gesellschafterversammlungen und die Versorgung der Gesellschafter mit Informationen. Das gilt noch in verstärktem Maß, wenn Gesellschaftsverträge angepasst werden müssen oder eine Konzeption der vorweggenommenen Erbfolge ansteht. Jenseits der Funktion als Koordinations- und Clearingstelle können die Ressourcen des Office für die Zwecke der familieneigenen Stiftung oder bei einer großen Familie vom Verantwortlichen für die Familie zur Organisation des Familientages genutzt werden.

Philanthropisches Engagement

In Unternehmerfamilien ist die Spendenbereitschaft traditionell groß, die eigene Gemeinde, regionale Vereine und Wohlfahrtsorganisationen werden üblicherweise mit Geld- und Sachspenden gefördert. Ebenso typisch aber ist, dass ein derartiges philanthropisches Engagement fallweise und unkoordiniert erfolgt: der katholische Kindergarten bekommt einen neuen Sandkasten, das lokale Musikfestival wird gesponsert, das Altersheim der Gemeinde erhält zu besonderen Gelegenheiten Zuwendungen. Üblich ist also das Gießkannenprinzip, das – historisch gewachsen – es einerseits schwierig macht, den Kreis der geförderten Einrichtungen einzugrenzen und andererseits dem Engagement der Familie Profil zu verleihen. Dadurch bleibt eine Chance ungenutzt, die nicht vertan werden sollte: die gezielte Verbindung gemeinnütziger Zwecke mit dem Wertegefüge einer Unternehmerfamilie.

Dieses ist – wir haben darauf bereits hingewiesen – von entscheidender Bedeutung für den unternehmerischen Erfolg. Was liegt näher, als aus Familienwerten wie Qualitätsbewusstsein, Innovationskraft, Fleiß, Risikobereitschaft, Maßhalten, Bodenständigkeit und sozialer Verantwortung ein Konzept zu entwickeln, in dem die Familie sich wiedererkennt und ihrem Handeln Leitlinien vorgibt? Das Werteprofil, das eine Familie und durch sie das Unternehmen prägt, kann auch das philanthropische Engagement unverwechselbar machen. Das dürfte zunächst die Relation von Aufwand und Ertrag bei der Außenwirkung verbessern, viel wichtiger aber ist, dass Gutes tun mehr als nur Gutes in Form von Dankbarkeit und Anerkennung Dritter bewirkt. Mindestens ebenso bedeutend wirkt ein strukturiertes Engagement nach innen; es fördert Selbstbewusstsein, Integration und Identifikation der Familie. Damit kommt ihm eine zentrale kontinuitätsverbürgende Funktion zu. Es stärkt den Zusammenhalt über das gemeinsame Investment hinaus und erzeugt in mehrfacher Hinsicht Sinn: für die Gesellschaft, für die Sache, für das eigene Vermögen und nicht zuletzt für die gesamte Familie und besonders die Familienmitglieder, die das Engagement tragen. Diese Binnenwirkung steht hier, wo es um die Institutionen einer Unternehmerfamilie geht, im Vordergrund.

Verdeutlichen lässt sich das am Beispiel der familieneigenen Stiftung, die gemeinnützigen Zwecken verpflichtet ist. Die Stiftung haben wir bereits im Zusammenhang der Exit-Szenarien als Instrument der Nachfolgeplanung kennen gelernt. Dort dient sie der Trennung von Unternehmen und Familie; sie übernimmt deren Eigentümerstellung. Als Institution einer Unternehmerfamilie hat sie eine ganz andere Aufgabe: familieneigene Stiftungen – der Begriff wird im Folgenden für diesen Typus verwendet – sind gemeinnützig. Sie fördern Wissenschaft und Forschung, die schönen Künste, die Denkmalpflege und nicht zuletzt soziale Belange, etwa die Fürsorge für sozial Benachteiligte. Damit sind sie Ausdruck der gesellschaftlichen Verantwortung, die einer Unternehmerfamilie durch ihren geschäftlichen Erfolg zuwächst. Die verpflichtende Wirkung des Eigentums ist nicht allein ein Postulat des Grundgesetzes – sie findet sich auch und gerade da, wo dieser im Solidarprinzip wurzelnde Grundsatz keine Rolle spielt – in den USA. Und obwohl das staatliche Fürsorge- und Kulturmonopol in Deutschland das private Engagement für die Gesellschaft nicht begünstigt, haben zahlreiche Unternehmerfamilien Stiftungen gegründet.

In anderer Weise als das Unternehmen macht die familieneigene gemeinnützige Stiftung die Werte einer Familie sichtbar und setzt neue Akzente. Anliegen und Interessen, die in der unternehmerischen Arbeit keine Rolle spielen, kommen hier zur Geltung: das Interesse an Wissenschaft, Literatur, Kunst und Musik, die Verbundenheit mit der Heimat, vom christlichen Glauben oder gesellschaftlichem Verantwortungsbewusstsein getragene soziale Zwecke jenseits des Unternehmens. So kann die Förderung von Wissenschaft und Forschung durch die charakteristische Innovationskraft des eigenen Unternehmens motiviert sein oder der persönliche Erfolg das Gefühl der Verpflichtung begründen, vom Schicksal weniger Begünstigten zu helfen. Damit wirkt die familieneigene Stiftung intern wie extern als Bindeglied, das Selbstverständnis wie Gemeinsamkeit einer Unternehmerfamilie stärkt und ihre Grundüberzeugungen nach außen vermittelt. Zudem schafft sie Aufgaben und Betätigungsfelder für Familienmitglieder, die nicht im Unternehmen tätig sind. Die Familie gewinnt mit der Stiftung ein zweites Standbein – das kommt ihrer Stabilität zugute – und sie erzeugt durch sie etwas, das gemeinsames Handeln ungemein stärkt – sie erzeugt Sinn.

Diese nur kursorische Durchmusterung der zentralen Institutionen einer Unternehmerfamilie, die den natürlichen Institutionen entlastend an die Seite treten, verzichtet aus einem simplen Grund auf allzu viele Konstellationen und minutiöse Detailbeschreibungen. Jede Unternehmerfamilie ist ein Fall für sich, und ergo ist kein Strukturmodell wie das andere. Jede Familie muss einen Rahmen finden, in dem sie erfolgreich das organisiert, woran ihr am meisten gelegen sein muss – ein tragfähiges gemeinsames Interesse und funktionierende Kooperation.

Perspektiven 11

Die Familienstrategie ist in den vergangenen Jahren mit einer Reihe von neuen Entwicklungen in und für Unternehmerfamilien konfrontiert worden, von denen einige im Folgenden kursorisch beleuchtet werden.

Eine dieser Entwicklungen ist eine Veränderung der Generationslücke, also die unterschiedlichen Vorstellungen über Lebensentwürfe, Werthaltungen und Präferenzen, die beispielsweise Eltern und Kinder trennen. Das hat Folgen für die Homogenität von Generationsinteressen und betrifft nicht mehr alleine nur große Familien mit einer langen Geschichte. Erstens kann in Unternehmerfamilien von einigermaßen trennscharf abzugrenzenden Generationen vielfach keine Rede mehr sein. Eine wesentliche Ursache sind serielle Verbindungen – ob mit Trauschein, ob ohne –, aus denen Kinder hervorgehen. Das führt zu einer beträchtlichen Altersspreizung innerhalb der Kindergeneration, die ohne weiteres 20 und sogar 30 Jahre betragen kann. In der Gesellschafterversammlung kann folglich ein Twen einem gestandenen Fünfziger gegenüberstehen, was Einfluss auf den Generationenzusammenhalt haben wird. Und nicht nur das: Bei der Besetzung von Ämtern entsteht beispielsweise ein Repräsentationsproblem: Kann der Jüngere seine Anliegen durch den erheblich älteren Angehörigen seiner Generation angemessen vertreten sehen? Und wird nicht, wenn er selbst für das Amt in Frage kommt, bereits die Generation der Kindeskinder ihre Ansprüche anmelden? Unternehmerfamilien denken typischerweise in Stämmen und in Generationen, was funktional und dysfunktional wirken kann. Durch die Altersspreizung nimmt die Dysfunktionalität einer Orientierung an der Generationenzugehörigkeit zu: Obwohl ein Gesellschafter für eine Aufgabe bestens qualifiziert ist, hat er aus Altersgründen schlechtere Chancen, zum Zug zu kommen – mal ist er zu jung, mal ist ein Posten langfristig besetzt, mal ist er zu alt. Zwischen den Stühlen sitzend bleiben Talente starrer

Regeln wegen ungenutzt – der Verzicht auf ein Potenzial, das eine Familie sich kaum leisten kann. Kandidaten-Pools für verschiedene Aufgaben sollten daher generationsunabhängig festgelegt werden. Und an die Stelle des *Generationswechsels* sollte die neutralere *Nachfolge* treten.

Zweitens macht sich in diesem Zusammenhang neben der *intra*generationellen Verschiebung ein Teilaspekt des demografischen Wandels – die Tatsache, dass die Menschen älter werden und länger gesund bleiben – verstärkend bemerkbar. Viele Senioren, denen der Abschied aus dem Geschäftsleben ohnehin schwerfällt, sind länger aktiv. Das lässt die *inter*generationellen Gegensätze schärfer hervortreten. Es geht nicht mehr nur um Eltern und Kinder, sondern mit den Großeltern um drei Generationen, was Verständigungsmöglichkeiten und Kompromisse begrenzt. Zumal bei den zwanzig- bis dreißigjährigen Familienmitgliedern zeichnen sich Unterschiede der Wertvorstellungen gegenüber der Eltern- und erst recht der Großelterngeneration ab, die wohl ähnlich grundsätzlich ausfallen wie zuletzt in den 60er- und 70er- Jahren des vergangenen Jahrhunderts. *Purpose* – sinngenerierendes wirtschaftliches Handeln jenseits der Gewinnmaximierung ist das, was die Jüngeren mehr und mehr fordern.

Dass der gesellschaftliche Trend zur Individualisierung die Loyalität zu einer Gruppe schwächt, ist eine bekannte Tatsache. Während in Familien von Arbeitnehmern die Vermögensnachfolge relativ einfach, wenngleich trotzdem oft streitig durch Aufteilung vollzogen werden kann, ist die Situation in Unternehmerfamilien anders – dort soll die Wirtschaftsgemeinschaft fortgesetzt werden. Zugehörig zu dieser Gemeinschaft ist ein Individuum qua Geburt, nicht qua freier Entscheidung. Unternehmerfamilien und dort vor allem die Gesellschafterversammlungen sind – das ist nicht wertend gemeint – in sehr unterschiedlichem Maß auch Zwangsveranstaltungen. Daraus folgt ein weiterer Trend, auf den die Familienstrategie in den letzten Jahren reagiert hat: Teamfähigkeit bleibt eines der Hauptziele, aber sie sollte auf die Zusammenarbeit im Unternehmen beschränkt bleiben. Nun neigen Eltern allerdings traditionell dazu, den Zusammenhalt über die gemeinsame Verwaltung des Gesamtvermögens steuern zu wollen. Das erweist sich allzu oft als nicht mehr zeitgemäß, weil es den Kooperationsdruck unnötig erhöht – ob bei im Vergleich zum Unternehmen eher marginalen Werten wie einem Ferienhaus, ob bei einem namhaften Wertpapierdepot oder Immobilienbestand im Privatvermögen. Für Vermögen jenseits des Unternehmens sollte die abgebende Generation eine Aufteilung ernsthaft in Betracht ziehen: Klarheit schaffen, Vermögenswerte zuordnen, Präferenzen berücksichtigen, ausgleichen, wo es möglich ist. Freiräume waren immer schon wichtig und werden wichtiger: Mehr denn je brauchen Nachfolger Bereiche, in denen sie nach eigenem Gutdünken verfahren können, wo ihnen niemand hineinredet. Das reduziert die Konfliktgefahr dort, wo Kooperation unumgänglich ist, wo sie manchen Kompromiss und manches Disagree and Commit fordert.

Wo ein gutes Einvernehmen besteht und eine freiwillige Kooperation Vorteile bietet, soll eine Familie diese Möglichkeit natürlich nutzen – aber aus freien Stücken. Dazu gehört die Verwaltung gemeinsamen Vermögens, womit ein weiteres Stichwort gefallen ist. Immer häufiger geht es in der Familienstrategie nicht mehr allein um das Unternehmen, was zu einer Ausweitung des Werte- und Zielekatalogs führt: Die Werte und Ziele für das Vermögen sind nämlich nicht identisch mit denen des Unternehmens, zumindest werden die Ziele recht deutlich differieren. Eine Familiencharta sollte das abbilden, also die beiden Sphären trennen. Die zunehmende Komplexität der Gesellschafterangelegenheiten führt bei größeren Familien zu einem gemeinsamen Büro, das die Angelegenheiten regelt und nicht selten in ein Family Office mündet. Neben der Betreuung der Gesellschafter erfordert die Vermögensverwaltung einen Professionalisierungsschub, um den gesetzlichen Anforderungen zu genügen und auf der Höhe der Zeit zu bleiben – es sind nicht nur innovative Finanzprodukte, die das fordern, es ist vor allem die Digitalisierung. Mit Bordmitteln ist das oft nicht zu bewerkstelligen und fordert von den Unternehmerfamilien ein Umdenken.

Ein letztes Wort soll den Stiftungen gelten: Die bundeseinheitliche Regelung des Stiftungsrechts ab Mitte 2023 wird die Familienstiftung als Option bei der Regelung der Nachfolge stärker in den Fokus rücken. Die Motive, die zur Gründung einer Familienstiftung führen, sind vielfältig. Sie reichen von der Perpetuierung des Stifterwillens über seinen Tod hinaus, das Fehlen von Nachfolgern, die Sicherung der Vermögenskontinuität bis hin zur Asset Protection. Vom Standpunkt der Familienstrategie kann dieser Stiftungstyp – natürlich abhängig von den Verhältnissen in einer Unternehmerfamilie – vor allem hinsichtlich seiner entlastenden Wirkung eine vorteilhafte Wahl bei der Beteiligungsnachfolge sein: Gesellschafter zu sein, hat nicht nur Vorteile, sondern die Wahrnehmung der Rechte und Pflichten belasten manchen, sie erfordern Zeit, zwingen zur Beschäftigung mit ungewohnten Materien und zur Kooperation mit den anderen Gesellschaftern, sind mit Beschränkungen bei der Wahl des Wohnorts verbunden etc. Als Destinatär einer Stiftung ist ein Nachfolger von solchen Beschränkungen frei, gleichzeitig erlauben die rechtlichen Gestaltungsmöglichkeiten, den Einfluss der Familie auf das Unternehmen oder Vermögen sicherzustellen. Gerade dort, wo sich die Interessen der abgebenden Generation mit denen der übernehmenden treffen, wird die Familienstiftung an Bedeutung zunehmen. So weit zu einigen Trends der letzten Jahre.

Stabilität im Familienunternehmen 12

„Der größte Wertvernichter im Familienunternehmen ist der Streit." Diese Feststellung stammt von einem, der es wissen muss. Brun-Hagen Hennerkes, einer der führenden Experten in Deutschland, berät seit mehr als vier Jahrzehnten große Familienunternehmen. „Wer Streit vom Familienunternehmen fernhalten will," stellt Hennerkes fest, „muss zwischen Maßnahmen der Streitvermeidung und Maßnahmen der Streitbeseitigung unterscheiden. Streitvermeidung setzt langfristig angelegte Verhaltensweisen voraus, die letztlich im Aufbau einer eigenen konsensorientierten Familienkultur ihren Ausdruck finden. Streitbeseitigung ist demgegenüber ein einmaliger Akt zur Beilegung einer einzelnen Friedensstörung."

Die Familienstrategie leistet beides, und sie ist in der Lage, eine Streitbeseitigung zum Ausgangspunkt der langfristigen Streitvermeidung zu machen. In der Familienstrategie gewinnt eine Unternehmerfamilie die Stabilität, die sie braucht, um der Entfremdung wirksam zu begegnen. Aus dem intakten gemeinsamen Interesse heraus wird sie ihrer Verantwortung gegenüber Unternehmen und Vermögen gerecht. Damit wird sie im System der Funktionskreise Unternehmen und Gesellschafter zum berechenbaren dritten Faktor. Das stabilisiert das gesamte System Familienunternehmen (Abb. 12.1).

Nur eine Familie, die sich selber führen kann, ist in der Lage, die strategischen Fragen zu beantworten, die über die Zukunft von Familie, Unternehmen und Vermögen entscheiden: Wie halten wir die Familie zusammen? Wie führen wir nachwachsende Generationen an das Unternehmen heran? Wie entwickeln wir das Unternehmen weiter, wie das Vermögen? Wie übertragen wir es auf die nächste Generation?

Nach Schätzungen des Bonner Instituts für Mittelstandsforschung werden in den Jahren 2018 bis 2022 rund 150.000 Familienunternehmen mit ca. 2,4 Mio.

© Springer Fachmedien Wiesbaden GmbH 2022
K. Baus, *Die Familienstrategie*,
https://doi.org/10.1007/978-3-658-36833-3_12

Abb. 12.1 Funktionskreise im Gleichgewicht

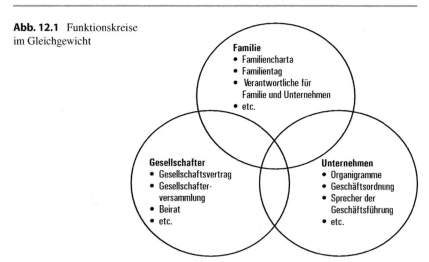

Beschäftigten auf neue Eigentümer übertragen. Die meisten sind selbstverständlich Kleinbetriebe, zu ihnen zählen aber auch 800 Unternehmen mit einem Jahresumsatz von mehr als 50 Mio. EUR p.a. Nicht alle werden an Nachfolger aus der Familie übergeben werden können. Selbst da, wo die Voraussetzungen prinzipiell bestehen, mehren sich die Fälle des Verkaufs, sei es an Mitbewerber oder strategische Investoren, durch Management-Buy-out und -Buy-in. Diese Entwicklung ist durchaus nicht nur den verschärften wirtschaftlichen Rahmenbedingungen geschuldet. Sie verweist vielmehr auf ein strategisches Defizit von Familienunternehmen, das in der Familie selbst begründet ist. Das Fehlen von Regeln und Strukturen erschwert die Planung der Nachfolge.

Diese Tatsache läuft den Intentionen der Eigner regelmäßig zuwider. Denn für den ganz überwiegenden Teil der Eigentümer hat beim Generationswechsel der Erhalt des Unternehmens als Familienunternehmen oberste Priorität. Das zweithäufigste Ziel ist die Sicherung der Unabhängigkeit des Unternehmens. Darin kommt der Wille des Eigentümers zum Ausdruck, das Lebenswerk aus Verpflichtung gegenüber der Familie, den Mitarbeitern und anderen dem Unternehmen verbundenen Personen für die Nachwelt zu erhalten. Offenkundig klafft eine Lücke zwischen den Intentionen der Eigentümer und dem, was mit den Unternehmen nach ihrem Rückzug geschehen wird. Dieses Buch hat die Gründe für die so häufige Diskrepanz von Wunsch und Wirklichkeit untersucht. Mit der Familienstrategie wurde ein leistungsfähiger Ansatz vorgestellt, wie beides zur Deckung gebracht werden kann.

Die Nachfolgeproblematik ist dabei nur ein, allerdings sehr prominentes Thema in Unternehmerfamilien. Der Handlungsdruck, der sich aus solchen Situationen ergibt, ist der häufigste Anlass, eine Familienstrategie zu entwickeln. Aber sie liefert auch Lösungen für andere Szenarien, die aus den vielfältigen Gefahren der Entfremdung in einer Unternehmerfamilie entstehen. Der Wirtschaftsjournalist Jürgen Köster bringt die Risiken für Familienunternehmen auf den Punkt: „Familien verlieren ihr Unternehmen in der ersten Generation mangels Einsicht, in der zweiten mangels Harmonie und in der dritten aus Mangel an Interesse." So ist es. Aber so muss es nicht sein.

Stichwortverzeichnis

A
Affektkontrolle 43
Alleinentscheider 33, 34
Alleingeschäftsführer 70, 83
Asset Protection 137
Ausschüttung 23–25
Aussitzen 39, 40

B
Beirat 44, 51, 83, 87
Bestandsaufnahme 53, 54
Bodenständigkeit 61, 132
Buddenbrooks-Syndrom 30
Businessfassung, Familiencharta 117
Business first 72

C
Corporate Identity 60, 63, 91

D
Dekadenz-Theorie 30
Distanz 12, 23, 37
Diversifizierung des Vermögens 67
Doppelspitze 128, 129

E
Ehepartner 21, 22, 81
Eigenkapitalquote 67, 73, 115
Eigentumsmonopol 31
Einfachheit 61, 114
Ein-Mann-Geschäftsführung 84
Einstellung 26, 29, 30
Einstellungsmuster 31
Emotion 14, 52
Engagement, philanthropisches 131
Entfremdung 11, 16, 23, 27
Entscheidungsmonopol 31, 34
Exit-Lösung 54, 56, 96

F
Fairnessregel 76
Familiencharta 55, 66, 106, 109, 110
    Aufbau 112
    Aufgabe 110
    Businessfassung 112, 117
    Inhalt 55, 107
    Präambel 112
Familiendynastie 30, 36, 56, 58, 59, 87, 88, 91
Familieninteresse 58, 72
Familienkultur 75, 128, 139

Familienmitglied 117
Familienoberhaupt 58
Familienstamm 102
Familienstiftung 98, 99
Familienstrategie 52, 54, 55, 109
Familientag 56, 71, 72, 112, 116
   Ablauf 126
   Programm 127, 128
Family-Buy-out 97, 102
Family first 72
Family Governance 50, 55, 56, 92, 109, 117
Family Office 56, 71, 72, 112, 116, 118, 130, 131
Freiheit 62, 68
Fremdmanagement 51, 80, 86, 91, 104, 105, 118, 129
Fremdmanager 62, 67, 73, 80, 103, 107, 117
Führung
   durch Familie mit Fremdmanager 107
   durch Familienmitglieder 105
   durch Fremdmanager 103
   durch Werte 90
Führungskraft 13, 14
Funktionskreis 45, 56
Fürsorgegedanke 15

G
Generationslücke 135
Geschäftsführerbezug 26
Geschlossenheit 56, 58, 66, 111, 117
Geschwister 14, 35, 38, 87, 93
Geschwistergesellschaft 21, 31, 34, 35, 77, 82, 93
Geschwisterrivalität 19–21, 40
Geschwisterteam 35, 87
Gesellschafter 36, 44
   nichttätiger 25, 103
   tätiger 25, 103
Gesellschaftsvertrag 55, 110, 111
Gleichgewicht 140
Gleichordnungsprinzip 14, 120
Gleichverteilung 22, 34, 82, 84, 101
Gründer 78
Gründergeneration 31, 77, 78

Grundsatzerklärung 110
Grundüberzeugung 73, 133

H
Handlungsfähigkeit 36, 111
Handlungsschwäche 51
Herausforderung 22
Hierarchieebene 14
Hierarchieprinzip 14
Höfeordnung 100
Holding 23, 44, 87, 124, 131

I
Identifikation 63
Identität 59, 60, 114, 128
Individualinteresse 11, 46, 49, 53, 58, 106
Individualisierung 136
Institution 49, 50, 55, 124, 132, 133
Integrität 62, 114
Interesse, gemeinsames 53
Investitionsentscheidung 63

K
Klassiker des Konfliktes 11
Kollegialführung 108
Kompatibilität 16
Komplexität 23, 35, 69, 102
Kontinuität 60, 63
Kooperation 34, 38, 54, 75, 76, 96, 103, 111, 128, 129
Kooperationspotenzial 95, 96
Krieg aller gegen alle 40

L
Legitimation 26, 36, 86, 111
Legitimationsdefizit 25, 124
Leitbild 50, 117, 118
Leitlinie 117
Logik, scheinbare 43
Lösung qua Vertrag 40
Loyalitäts-Lösung 96, 102

Stichwortverzeichnis

M
Machtvakuum 42
Maßhalten 61
Maximierung 24, 38, 42
Motiv
 emotionales 12
 sachliches 12
Muster-Charta 118
Mythos 69

N
Nachfolge 41, 116
Nachfolgeplanung 79, 132
Nachfolgerin 12
Naturwüchsigkeit 29
Nichthandeln 41
Nichttätiger Gesellschafter 25
Nullsummen-Spiel 42

O
Oktroi 46, 100
Orientierung 91, 112

P
Planungssicherheit 81, 105, 115
Poolvertrag 44, 68
Portfolios 67
Prägung 103, 105
Privatvermögen 68, 114, 115, 131
Professionalisierung 67, 125
Publikumsgesellschaft 50

Q
Qualität 31, 60, 61

R
Ratio 14
Reaktionsmuster 39
Realteilung 20
Rechtsstreit 43

Rentabilität 67
Richtungsentscheidung 53, 54, 95, 96
Rolle 11, 12, 53, 68
 in Familienunternehmen nach Tagiuri
  und Davis 69
Rollenkonflikt 14
Rollentrennung 13
Rollenvermischung 13

S
Sachfrage 38, 52
Scheinaktivität 40
Schwiegerkinder 22, 73, 80, 81
Selbständigkeit 16
Selbstbindung 113
Selbstverständnis der Familie 63, 114, 115
Sinn 38, 87, 90, 101, 106, 132, 133
Solidität 63
Sparsamkeit 61
Sperrmajorität 44
Sperrminorität 44
Spieltheorie 76
Stabilität 102, 139
Stammesdenken 24, 89
Standardsituation 11
Status 18, 85
Steuerungsvermögen 51, 91
Stiftung 71, 97, 98
 familieneigene 71
System Familie 12, 14

T
Tabu 17
Tätiger Gesellschafter 25
Team 20, 34, 117
Teamlösung 20
Thesaurierung 67
Thronfolge 19, 22
Tradition 58

U
Umgangsform 74
Unternehmensführer 71

Unternehmensführung 62, 67
Unternehmensinteresse 72, 100
Unternehmenskultur 60, 91
Unternehmensphilosophie 60
Unternehmer 12, 13
Unternehmerdynastie 64

V

Vater-Sohn-Konflikt 17
Vater-Sohn-Konstellation 16
Verantwortlicher
    für das Unternehmen 128
    für die Familie 71, 128, 131
Verantwortung, soziale 62
Verfahrensregel 112, 114
Verhaltenskodex 75, 112, 116
Verkauf 98
Verteilungsgerechtigkeit 22

Vertrag 40
Vertrauen 51
Vetternkonsortium 36

W

Wandel, demografischer 136
Werte 60
    christliche 62
Wertebasis 64
Wertebewusstsein 63
Wertesystem 88

Z

Zersplitterung 22, 63
Ziel 64
Zusammenhalt 36, 67

Printed by Printforce, the Netherlands